3. Auflage 1983 (überarbeitet 1990)

Gabler ist ein Unternehmen der Verlagsgruppe Bertelsmann

Ursprünglich erschienen bei Betriebswirtschaftlicher Verlag Dr. Th. Gabler GmbH, Wiesbaden 1983.

Lektor: Hans-Ulrich Bauer

ISBN 978-3-409-00790-0 ISBN 978-3-663-13085-7 (eBook)
DOI 10.1007/978-3-663-13085-7

Arbeitsrecht

Von Ass. Karin Nipperdey und Dr. Reinhardt Seifert

Inhaltsverzeichnis

A. Grundlagen und System des Arbeitsrechts

I. Begriff und Wesen

Hinter dem Begriff des Arbeitsrechts verbirgt sich ein sehr komplexes und umfassendes Gebilde, das zudem laufender Veränderung unterliegt. Sinn dieses Beitrags kann und soll es nur sein, das Arbeitsrecht, so wie wir es in der Bundesrepublik Deutschland heute haben, in seinen Grundzügen darzustellen, um dem Benutzer dieses Werkes einen Begriff von der Vielgestaltigkeit der Regeln zu geben, die für unser Arbeitsrecht und damit für einen wichtigen Bestandteil unserer Wirtschaftsordnung maßgeblich sind.

Arbeitsrecht ist die Summe der Rechtsregeln, die sich mit der in persönlicher Abhängigkeit geleisteten Tätigkeit beschäftigen. Auf einen kurzen Nenner gebracht, kann man es als **Sonderrecht der Arbeitnehmer** bezeichnen. Es ist aber keineswegs darauf beschränkt, nur die Beziehungen zu regeln, wie sie zwischen Arbeitgeber und Arbeitnehmer bestehen und die normalerweise im Arbeitsvertrag ihre Grundlage haben; sondern es bezieht sich auch auf das Verhältnis der in einem Betrieb tätigen Arbeitnehmer zueinander, auf die Rechtsbeziehungen von Arbeitgeberverbänden und Gewerkschaften zueinander und zu ihren jeweiligen Mitgliedern sowie schließlich auf die Rechtsbeziehungen der Arbeitsvertragsparteien zum Staat (Arbeitnehmerschutzrecht). Das Arbeitsrecht bildet damit weder ausschließlich einen Bestandteil des Privatrechts noch des öffentlichen Rechts. Vielmehr vereinigt es in sich öffentlich-rechtliche und privatrechtliche Komponenten.

Die beiden großen Säulen des Arbeitsrechts sind das Individualarbeitsrecht einerseits und das Kollektivarbeitsrecht andererseits. Zum Individualarbeitsrecht gehören das gesamte Recht des durch einen Arbeitsvertrag begründeten Arbeitsverhältnisses sowie das öffentlich-rechtliche Arbeitnehmerschutzrecht. Im Mittelpunkt dieser Materie steht der Arbeitnehmer als Einzelner; für ihn und gegen ihn werden privatrechtliche und öffentlich-rechtliche Rechte und Pflichten begründet (im einzelnen siehe B. I, II, III). – Kennzeichen des kollektiven Arbeitsrechts ist dagegen seine Gruppenbezogenheit. Verbindendes Merkmal ist hier, daß Interessen im Hinblick auf die Wahrung und Förderung der Arbeits- und Wirtschaftsbedingungen betrieblich und überbetrieblich durch organisierte Gruppen (insbesondere Tarifvertragsparteien, Betriebsräte) wahrgenommen werden (im einzelnen siehe D. I, II, III).

II. Entstehung und Entwicklung

Im Gegensatz zu anderen Bereichen des Rechts hat das Arbeitsrecht bis heute nur eine verhältnismäßig kurze Entwicklungsgeschichte durchgemacht. Seine Entstehung verdankt es vor allem der Liberalisierung der Wirtschaftsordnung und der Industrialisierung, beginnend etwa mit der zweiten Hälfte des vorigen Jahrhunderts. Im Laufe der letzten gut hundert Jahre hat sich das Arbeitsrecht immer stärker von einem schwerpunktmäßig durchaus individualrechtlich geprägten Schutzrecht zu einer Materie entwickelt, in der das Kollektivrecht – insbesondere das von Arbeitgeberverbänden und Gewerkschaften in eigener Verantwortung gesetzte Recht (Tarifverträge) – die beherrschende Rolle spielt.

Während man anfänglich das Arbeitsverhältnis rein individualistisch als einen Austausch von Arbeit gegen Geld gesehen hatte, was zu untragbaren sozialen Verhältnissen führte, entwickelte sich etwa ab Ende des 19. Jahrhunderts eine Arbeitsschutzgesetzgebung, die die Arbeitgeber zur Einhaltung bestimmter Pflichten gegenüber ihren Arbeitnehmern zwang (zum Beispiel Einschränkung der Frauen- und Kinderarbeit, Ausprägung eines besonderen Fürsorgegedankens), die aber auch zur Schaffung der Sozialversicherung führte. – Daneben spielte der Gedanke der Selbsthilfe der Arbeitnehmer eine bedeutsame Rolle: sie schlossen sich zu Gewerkschaften zusammen. Damit wurde es möglich, die Arbeitsbedingungen nicht mehr nur in individuellen Arbeitsverträgen festzusetzen, sondern kollektiv durch Vertrag zwischen Gewerkschaft und Arbeitgeber bzw. Arbeitgeberverband, also durch Tarifvertrag.

Bereits 1873 wurde als erster bedeutsamer Tarifvertrag in Deutschland der Buchdruckertarif abgeschlossen. 1913 gab es schon über 12.000 Tarifverträge für ca. 1,8 Millionen Beschäftigte. Für den Bereich der privaten Versicherungswirtschaft gab es den ersten Tarifvertrag im Jahre 1919.

Aber noch auf einer weiteren Ebene fand eine außerordentlich wichtige Entwicklung statt: auf der Ebene des einzelnen Betriebes. Mit dem Betriebsrätegesetz von 1920 wurde die erste reichseinheitliche gesetzliche Grundlage für die Betriebsverfassung geschaffen. Gewählte Betriebsräte hatten die Aufgabe der Interessenvertretung der Arbeitnehmer vor allem auf personellem und sozialem Gebiet; dies allerdings mehr im Sinne einer Mitwirkung als im Sinne echter Mitbestimmung, das heißt einer Bindung des Arbeitgebers in seinen Beschlüssen an die Zustimmung des Betriebsrats.

Der Gedanke der kollektiven Wahrung von Arbeitnehmerinteressen entwickelte sich in den Jahren nach dem 1. Weltkrieg in immer stärkerem Maße, wobei sich Arbeitgeberverbände und Gewerkschaften weniger als Sozialpartner gegenüberstanden, sondern sich selbst zunehmend als soziale Gegenspieler betrachteten. Der Klassenkampfgedanke spielte eine wichtige Rolle und schlug sich gerade in der Zeit der Weltwirtschaftskrise vor der nationalsozialistischen Machtergreifung in heftigen Arbeitskämpfen (Streiks und Aussperrungen) nieder.

Die Grundlagen unseres heutigen arbeitsrechtlichen Systems – Schutz des Einzelnen durch entsprechende Gesetze, Vertretung der Arbeitnehmerschaft auf betrieblicher Ebene durch Betriebsräte, auf überbetrieblicher Ebene durch Gewerkschaften – wurden in den Jahren bis 1933 geschaffen; mit ihren Vorteilen, einer optimalen Ausgestaltung des Schutzgedankens, aber auch ihren Nachteilen, einer außerordentlichen Zersplitterung des Rechtsgebiets, das nicht in einem einheitlichen Gesetzeswerk zusammengefaßt ist wie etwa das Bürgerliche Gesetzbuch oder das Strafgesetzbuch, sondern das verstreut ist in einer kaum übersehbaren Fülle von Einzelgesetzen. Das Arbeitsrecht der Gegenwart besteht aber nicht nur aus Gesetzen; hinzu kommen Rechtsverordnungen, Gesamtvereinbarungen, betriebliche Übungen und schließlich das sehr wichtige Richterrecht (im einzelnen siehe dazu unten A. III).

Während der nationalsozialistischen Zeit wurde das Arbeitsrechtssystem grundlegend verändert. Das kollektive Arbeitsrecht wurde vernichtet und dementsprechend Gewerkschaften und Arbeitgeberverbände beseitigt. An ihre Stelle trat die deutsche Arbeitsfront, die Arbeitgeber und Arbeitnehmer in sich vereinigte. An die Stelle der Tarifverträge traten Tarifordnungen, die nicht von den Tarifvertragsparteien selbst in eigener Verantwortung geschaffen, sondern als Rechtsverordnungen erlassen wurden. Auch das kollektive Arbeitsrecht innerhalb des Betriebes wurde abgeschafft. Die Mitbestimmungsrechte der Arbeitnehmer wurden durch das Führerprinzip ersetzt. Der Unternehmer als Führer des Betriebes hatte in allen betrieblichen Angelegenheiten allein zu entscheiden. – Das Individualarbeitsrecht dagegen konnte sich relativ ungestört weiterentwickeln. In zunehmendem Maße entwickelte sich das Arbeitsverhältnis vom reinen Austauschverhältnis von Arbeit gegen Lohn zu einem personenrechtlichen Gemeinschaftsverhältnis, das von dem Grundsatz der Treue (Arbeitnehmer) und Fürsorge (Arbeitgeber) geprägt wurde.

Nach dem Zusammenbruch **1945** war ein **völliger Neuanfang** notwendig. Dabei konnte zwar in vielem an das in den Jahrzehnten vor 1933 Gewachsene angeknüpft werden. Aber der Nationalsozialismus hatte ja nicht ein bereits vollkommen entwickeltes Rechtssystem beseitigt, das man nur wiederherzustellen brauchte, um über ein funktionierendes Arbeitsrechtssystem zu verfügen. Vielmehr war auch das Arbeitsrecht der Weimarer Zeit noch eine sehr lückenhaft geregelte Materie gewesen, die nur Grundlage sein konnte für eine Weiterentwicklung und Reform des alten Rechts und dessen Anpassung an die neuen Gegebenheiten, vor allem die Wirtschaftsordnung der Bundesrepublik Deutschland und damit an die Grundsätze der sozialen Marktwirtschaft.

Mehr als 40 Jahre nach Ende des 2. Weltkrieges kann festgestellt werden, daß die rechtliche Ausgestaltung des Arbeitsschutzes einen gewissen Höhepunkt erreicht hat. Der Schutz gegen Arbeitsunfälle, der Arbeitszeitschutz, Mutter-, Schwerbehinderten- und Jugendarbeitsschutz ebenso wie der Schutz gegen sozial ungerechtfertigte Kündigungen – um nur die wichtigsten Materien zu nennen – sind optimal ausgestaltet (im einzelnen siehe B. III und C.I–VI). Daneben existiert ein funktionierendes kollektives Arbeitsrecht, beherrscht trotz aller sicherlich vorhandenen Interessengegensätze vom Prinzip der Sozialpartnerschaft und nicht von den heute überholten Gedanken des Klassenkampfes (im einzelnen siehe D. I). Schließlich wurde im Jahre 1972 das Betriebsverfassungsgesetz von 1952 grundlegend novelliert und damit den Arbeitnehmervertretungen in den Betrieben noch weitergehende Mitwirkungs- und vor allem Mitbestimmungsrechte in allen betrieblichen Angelegenheiten gegeben. **Eine weitere Änderung des Betriebsverfassungsrechts trat zum 1.1.1989 in Kraft. Sie brachte vor allem einen ausgeprägten Minderheitenschutz sowie verstärkte Unterrichtungs- und Beratungsrechte des Betriebsrats bei Einführung neuer Techniken. Völliges Neuland hat der Gesetzgeber mit der Verabschiedung des Gesetzes über Sprecherausschüsse der leitenden Angestellten betreten. Mit ihm wird erstmals den Führungskräften in den Unternehmen die Möglichkeit eröffnet, ihre eigene Interessenvertre-**

tung zu wählen (im einzelnen siehe D. II). – Auch auf Unternehmensebene wurden die Rechte der Arbeitnehmer gestärkt; während in den Aufsichtsräten von Unternehmen mit weniger als 2 000 Arbeitnehmern zu einem Drittel Arbeitnehmervertreter sitzen, bestehen seit 1978 die Aufsichtsräte von Gesellschaften mit mindestens 2 000 Arbeitnehmern je zur Hälfte aus Arbeitnehmer- und Anteilseignervertretern. Für den Bereich der Montan-Industrie dagegen gilt bereits seit 1951 die Regelung der paritätischen Besetzung des Aufsichtsrats, ergänzt um einen sogenannten *„Unparteiischen"* (im einzelnen siehe D. III).

III. Rechtsquellen

Rechtsquelle ist der Oberbegriff für die Normen, die für die Rechtsordnung maßgeblich sind. Sie haben unterschiedliche Qualität und damit auch unterschiedlich starke Wirkung. Nur zum Teil handelt es sich dabei um geschriebenes Recht und auch innerhalb des geschriebenen Rechts nur zum Teil um Gesetzesrecht.

Beginnen wir unsere Aufzählung mit der stärksten Rechtsquelle, um sie mit der schwächsten zu beenden:

1. Gesetze

Bedeutendste Rechtsquelle ist das **Grundgesetz der Bundesrepublik Deutschland**; seine Vorschriften gehen allen anderen Normen vor. Es enthält Bestimmungen und Grundsätze, die die rechtliche Qualität von Grundrechten haben und daher für das Arbeitsrecht von elementarer Bedeutung sind. So gewährleistet Art. 3 GG das Prinzip der Gleichbehandlung, insbesondere die Gleichberechtigung von Mann und Frau; Art. 9 Abs. 3 GG regelt die Koalitionsfreiheit, d. h. das verbriefte Recht für jedermann, zur Wahrung und Förderung der Arbeits- und Wirtschaftsbedingungen Vereinigungen zu bilden; Art. 12 Abs. 1 GG gewährt das Recht, Beruf, Arbeitsplatz und Ausbildungsstätte frei zu wählen. Die Grundrechte gehen – da sie die stärksten sind – allen anderen Rechtsquellen im Range vor.

Unterhalb der in der Verfassung genannten Rechtsätze stehen die **einfachen Gesetze**. Das Arbeitsrecht gehört zur sogenannten ***konkurrierenden Gesetzgebung*** des Bundes; d. h. daß dem Bund das Gesetzgebungsrecht zusteht, soweit er davon Gebrauch machen will. Die restlichen Materien können die Länder in eigener Verantwortung regeln. Der Bund hat von seiner Gesetzgebungskompetenz weitestgehend Gebrauch gemacht, so daß die meisten arbeitsrechtlichen Gesetze Bundesgesetze sind und damit in der gesamten Bundesrepublik Deutschland einheitlich gelten; z. B. Betriebsverfassungsgesetz, Kündigungsschutzgesetz, Mutterschutzgesetz, Jugendarbeitsschutzgesetz, Bundesurlaubsgesetz. Als Beispiel für eine durch Ländergesetze geregelte Materie seien die in 6 Bundesländern (Berlin, Bremen, Hamburg, Hessen, Niedersachsen, Nordrhein-Westfalen) geltenden Bildungsurlaubsgesetze genannt.

Im folgenden wird ein Überblick über die arbeitsrechtlichen Gesetze gegeben, der wegen der außerordentlichen Zersplitterung allerdings auf die wichtigeren beschränkt bleiben muß. Der Überblick ist nach den einzelnen Rechtsgebieten geordnet.

a) Recht des Arbeitsvertrages und des Arbeitsverhältnisses

Bürgerliches Gesetzbuch
§§ 611 ff.

Handelsgesetzbuch
§§ 59 ff.

Gewerbeordnung
§§ 105 ff.

Handwerksordnung

Heimarbeitsgesetz

Gesetz zur Verbesserung der betrieblichen Alterversorgung

Gesetz über Arbeitnehmererfindungen

Kündigungsschutzgesetz

Bundesurlaubsgesetz

Berufsbildungsgesetz

Bildungsurlaubsgesetze der Länder

b) Arbeitsschutzrecht

Gewerbeordnung (§§ 105a ff.; siehe auch A. III. 1a)

Arbeitszeitordnung

Arbeitsplatzschutzgesetz

Mutterschutzgesetz

Jugendarbeitsschutzgesetz

Schwerbehindertengesetz

c) Kollektives Arbeitsrecht

Art. 9 Abs. 3 GG

Tarifvertragsgesetz

Betriebsverfassungsgesetz 1952 (§§ 76 ff.)

Betriebsverfassungsgesetz 1972

Personalvertretungsgesetz des Bundes

Personalvertretungsgesetze der Länder

Sprecherausschußgesetz

Mitbestimmungsgesetz 1976

Montanmitbestimmungsgesetz

d) Prozeßrecht

Zivilprozeßordnung

Arbeitsgerichtsgesetz

2. Rechtsverordnungen

Durch Bundesgesetz können die Bundesregierung, ein Bundesminister oder die Landesregierungen ermächtigt werden, Rechtsverordnungen zu erlassen. Nach dem Grundsatz *„Bundesrecht bricht Landesrecht"* gehen Bundesgesetze und auch Bundesrechtsverordnungen sämtlichem Landesrecht im Range vor.

Als **Beispiele** für Bundesrechtsverordnungen seien genannt:

Wahlordnung zum Betriebsverfassungsgesetz,

Wahlordnung zum Sprecherausschußgesetz,

Drei Wahlordnungen zum Mitbestimmungsgesetz 1976,

Wahlordnung und Ausgleichsabgabeverordnung zum Schwerbehindertengesetz.

3. Autonome Satzungen und Gesamtvereinbarungen

Im Arbeitsrecht ist die Autonomie von besonderer Bedeutung. Den Trägern des Arbeitslebens (insbesondere Arbeitgeberverbänden und Gewerkschaften, Arbeitgebern und Betriebsräten) hat deshalb der Staat die Befugnis eingeräumt, selbst arbeitsrechtliche Normen zu schaffen. So werden von Arbeitgeberverbänden oder einzelnen Arbeitgebern zusammen mit den Gewerkschaften in eigener Verantwortung (autonom) Tarifverträge ausgehandelt. Für die betriebliche Ebene wichtig sind Betriebsvereinbarungen, die zwischen Arbeitgeber und Betriebsrat autonom abgeschlossen werden.

Sowohl Tarifverträge wie auch Betriebsvereinbarungen haben sogenannte **normative Wirkung**; d. h. ihre Bestimmungen gelten unmittelbar und zwingend. Der einzelne Arbeitnehmer, der Mitglied einer Gewerkschaft ist, die den Tarifvertrag mit abgeschlossen hat, kann aus dem Tarifvertrag Rechte herleiten. Die Wirkung einer Betriebsvereinbarung erstreckt sich auf alle Arbeitnehmer im Betrieb, soweit sie vom Betriebsrat vertreten werden, unabhängig davon, ob sie in einer Gewerkschaft organisiert sind oder etwa erst nach deren Abschluß in den Betrieb eingetreten sind.

4. Gewohnheitsrecht

Es ist im Gegensatz zu den bisher genannten Quellen **ungeschriebenes Recht**. Gewohnheitsrecht kommt dadurch zustande, daß innerhalb einer Gemeinschaft eine nicht nur vorübergehende gleichmäßige Übung besteht, die auf der Überzeugung ihrer Verbindlichkeit beruht. So heißt es z. B. im § 346 HGB: *„Unter Kaufleuten ist ... auf die im Handelsverkehr geltenden Gewohnheiten und Gebräuche Rücksicht zu nehmen."*

Gewohnheitsrechtliche Grundsätze sind im Arbeitsrecht selten, wohl weil dies noch ein verhältnismäßig junges Rechtsgebiet ist. – Weit häufiger ist hier der Tatbestand der **betrieblichen Übung** anzutreffen. Sie ist keine eigentliche Rechtsquelle, vielmehr eine Art betrieblicher Verkehrssitte, die Bestandteil der Arbeitsverträge wird. So kann z. B. die dreimalige Zahlung einer Weihnachtsgratifikation ohne den ausdrücklichen Vorbehalt, daß es sich dabei um eine widerrufliche Leistung handelt, bereits eine betriebliche Übung bewirken, die den Arbeitgeber verpflichtet, die Gratifikation auch in den Folgejahren zu zahlen, jedenfalls bei im wesentlichen gleichbleibenden Umständen.

5. Richterrecht

Auch hier handelt es sich um ungeschriebenes Recht, das gerade im Arbeitsrecht besondere Bedeutung hat. Es liegt in der Natur des Arbeitsrechts, daß es sehr eng mit der technischen und gesellschaftlichen Entwicklung verknüpft ist. Die Entwicklung zwingt manchmal die Gerichte, rechtsschöpferisch tätig zu werden, weil es für den zu beurteilenden Sachverhalt eine gesetzliche Regelung (noch) nicht gibt. Hier kommt in der Praxis den Entscheidungen des Bundesarbeitsgerichts als dem obersten Gericht in Arbeitssachen (im einzelnen siehe E) besondere Bedeutung zu. Wenn auch grundsätzlich die Entscheidungen der Gerichte nur zwischen den jeweils streitenden Parteien wirken, ist es doch in der Praxis so, daß sich die Gerichte der unteren Instanzen (Arbeits- und Landesarbeitsgerichte) an der höchstrichterlichen Rechtsprechung sehr weitgehend orientieren. Das gleiche gilt für die direkt am Arbeitsleben Beteiligten, Arbeitgeber und Arbeitnehmer sowie deren Repräsentanten, die Arbeitgeberverbände und Gewerkschaften. Damit kommt der Rechtsprechung des BAG tatsächlich eine viel größere Bedeutung zu als theoretisch.

Als Beispiel für die Tragweite von Richterrecht sei die Rechtsprechung des BAG zur betrieblichen Altersversorgung genannt. Sie hatte bereits Anfang der siebziger Jahre festgestellt, daß unter bestimmten Voraussetzungen Anwartschaften auf Gewährung betrieblicher Versorgungsleistungen auch dann erhalten bleiben sollten, wenn das Arbeitsverhältnis vorzeitig (d. h. vor Erreichen der Altersgrenze) beendet wurde und daß Versorgungsleistungen anzupassen seien, wenn sie im Laufe der Jahre durch Inflationseinwirkungen nur noch einen Bruchteil ihres ursprünglichen Wertes verkörperten. Erst nachdem diese höchst bedeutsame Rechtsprechung ergangen war, wurde der Gesetzgeber aktiv und erließ Ende 1974 das Gesetz zur Verbesserung der betrieblichen Altersversorgung (im einzelnen siehe B. II. 1e).

IV. Grundbegriffe des Arbeitsrechts

1. Begriff des Arbeitnehmers

Die Definition des Arbeitnehmers steht in engstem Zusammenhang mit dem Begriff des Arbeitsrechts, wie er oben unter A. I im einzelnen erläutert wurde. Arbeitnehmer ist derjenige, der **aufgrund privatrechtlichen Vertrages im Dienste eines anderen zur Arbeit verpflichtet** ist. Diese Definition enthält drei essentielle Bestandteile: Der Arbeitnehmer muß zur Leistung von Arbeit verpflichtet sein. Diese Verpflichtung muß auf einem privatrechtlichen Vertrag beruhen. Mit dem Merkmal des privatrechtlichen Vertrages wird klargestellt, daß Arbeitnehmer z. B. nicht solche Personen sind, die in einem öffentlich-rechtlichen Dienst- und Treueverhältnis zum Staat stehen wie etwa die Beamten; auch sie leisten abhängige Arbeit, unterliegen aber nicht den Regeln des Arbeitsrechts. Auch diejenigen, die aufgrund eines öffentlich-rechtlichen Gewaltverhältnisses zur Arbeit verpflichtet sind, wie z. B. die Strafgefangenen, sind keine Arbeitnehmer. Dritte Voraussetzung des Arbeitnehmerbegriffs ist schließlich, daß die Arbeit im Dienste eines anderen geleistet werden muß. Dies ist gleichbedeutend mit persönlicher Abhängigkeit, d. h. Weisungsgebundenheit gegenüber dem Arbeitgeber hinsichtlich der Art und Weise der Arbeitsleistung: also vor allem Arbeitsort, Einteilung der Arbeit, Arbeitszeit, Intensität der Inanspruchnahme. Vielfach wird mit der persönlichen Abhängigkeit die wirtschaftliche Abhängigkeit Hand in Hand gehen; sie muß es aber nicht. Die wirtschaftliche Abhängigkeit ist daher für den Arbeitnehmerbegriff nicht wesensnotwendig. So kann z. B. jemand, der ein größeres Vermögen ererbt hat, Arbeitnehmer sein und zugleich wirtschaftlich vollkommen unabhängig. Umgekehrt kann ein junger Rechtsanwalt, ein typisch freiberuflich Tätiger, dessen Mandantschaft vielleicht im wesentlichen aus zwei größeren Firmen besteht, von diesen zwar wirtschaftlich abhängig sein; persönlich – d. h. im Hinblick auf die nähere Ausgestaltung der Arbeit – ist er es jedoch nicht. Er bleibt Freiberufler.

Eine **Mischform** zwischen Arbeitnehmer und Selbständigem stellen die sogenannten **arbeitnehmerähnlichen Personen** dar. Sie sind wegen fehlender persönlicher Abhängigkeit keine Arbeitnehmer. Anders als ein echter Selbständiger sind sie aber wirtschaftlich abhängig und deshalb wie ein Arbeitnehmer sozial schutzbedürftig. Wegen gleitender Übergänge kann die Abgrenzung im einzelnen schwierig sein. Das Thema braucht auch hier nicht vertieft zu werden. Nur auf zwei typische arbeitnehmerähnliche Personenkreise sei hingewiesen: die Heimarbeiter und die Einfirmenvertreter mit geringen Einkommen (1990: 2 000,– DM monatlich).

Auf die arbeitnehmerähnlichen Personen ist das Arbeitsrecht grundsätzlich nicht anwendbar. Ihre besondere Schutzbedürftigkeit rechtfertigt es aber, einzelne arbeitsrechtliche Vorschriften entsprechend anzuwenden. So sind für ihre Rechtsstreitigkeiten mit dem Auftraggeber die Arbeitsgerichte zuständig; sie erhalten ferner einen Urlaubsanspruch nach dem Bundesurlaubsgesetz. Schließlich wird auch ihnen gegenüber in bestimmtem Umfang eine Fürsorgepflicht bestehen.

Innerhalb der Arbeitnehmerschaft wird traditionell zwischen den Gruppen der Arbeiter und der Angestellten unterschieden. Infolge zunehmender Technisierung und damit einhergehender besserer Ausbildung und beruflicher Qualifizierung steigt die Zahl der Angestellten, während die der gewerblichen Arbeitnehmer sinkt. Die arbeitsrechtliche Entwicklung der letzten Jahrzehnte hat in gewissem Umfang eine Angleichung beider Gruppen gebracht, wie etwa auf dem Gebiet der Lohnfortzahlung im Krankheitsfall. Es gibt aber auch heute noch Unterschiede; so erhalten Angestellte eine monatliche Vergütung, Arbeiter einen Stunden- oder Akkordlohn; die Kündigungsfristen der Angestellten sind regelmäßig länger als die der Arbeiter. Auch hier wird wegen fließender Grenzen die Abgrenzung im Einzelfall nicht immer einfach sein. Als zweckmäßiges Unterscheidungsmerkmal hat sich herausgestellt, auf die Art der ausgeübten Tätigkeit abzustellen. Bei kaufmännischer oder büromäßiger Tätigkeit wird man im allgemeinen von Angestellten sprechen, auch wenn es sich um einfache Arbeit handelt. Dagegen wird im technischen Teil eines Betriebes die ausführende (körperliche) Tätigkeit der gewerblichen Arbeit zugerechnet. Die Unterscheidung zwischen geistiger und körperlicher Arbeit vermag im allgemeinen sehr brauchbare Anhaltspunkte für die Abgrenzung zu geben.

In der Versicherungswirtschaft spielt die Unterscheidung keine besondere Rolle, da es Produktionsbetriebe mit einer großen Anzahl von Arbeitern und wenigen Angestellten im Bürobereich hier nicht gibt. Im Gegenteil besteht die große Masse der hier tätigen Arbeitnehmer aus Angestellten und einigen wenigen Arbeitern, wie z. B. den Hausmeistern oder dem Reinigungspersonal.

2. Begriff des Arbeitgebers

Arbeitgeber ist jeder, **der einen Arbeitnehmer beschäftigt.** Dabei kommt es nicht darauf an, ob es sich um eine natürliche Person handelt oder um eine juristische, gleich welcher Rechtsform. Die Arbeitgeber in der privaten Versicherungswirtschaft – soweit es sich um Versicherungsunternehmen und nicht um Makler- oder Vermittlerfirmen handelt – sind stets juristische Personen, und zwar entweder in der Form der Aktiengesellschaft oder des Versicherungsvereins auf Gegenseitigkeit. Hier handelt es sich also stets um juristische Personen des privaten Rechts. Bei den öffentlich-rechtlichen Versicherungen dagegen ist Arbeitgeber eine juristische Person des öffentlichen Rechts. – Die Arbeitgebereigenschaft wird im Einzelfall durch die dahinterstehende Rechtsform (natürliche oder juristische Person des privaten oder öffentlichen Rechts) nicht beeinflußt.

Es war oben unter A. IV. 1 erläutert worden, daß ein wesentliches Merkmal für den Begriff des Arbeitnehmers dessen Weisungsgebundenheit ist. Weisungsbefugnis und Arbeitgebereigenschaft werden immer dort zusammenfallen, wo der Arbeitgeber eine natürliche Person ist. Bei juristischen Personen dagegen sind Arbeitgeber und Weisungsbefugter zwei verschiedene Personen. Arbeitgeber ist die Gesellschaft als solche, bei Versicherungsunternehmen also die Aktiengesellschaft oder der Versicherungsverein auf Gegenseitigkeit. Die oberste Weisungsbefugnis dagegen wird durch natürliche Personen, also die Mitglieder des Vorstands ausgeübt.

Von dem juristischen Begriff des Arbeitgebers (Vertragspartner des Arbeitnehmers im Arbeitsverhältnis) ist der wirtschaftliche Begriff des Unternehmers zu unterscheiden. Als Unternehmer wird derjenige bezeichnet, der an der Spitze eines Unternehmens steht. Meistens wird der Begriff des Arbeitgebers mit dem des Unternehmers zusammenfallen; notwendig ist dies jedoch nicht. So ist z. B. der Arzt oder Rechtsanwalt, der Arbeitnehmer beschäftigt, zwar Arbeitgeber; er ist aber nicht Unternehmer, weil er kein Gewerbe betreibt.

3. Begriff des Betriebes

Obwohl der Betrieb im Arbeitsleben eine außerordentlich wichtige Rolle spielt, gibt es nirgends eine gesetzliche Begriffsbestimmung. Die Arbeitsrechtslehre hat folgende, heute schon klassische Definition gegeben, die auch für das Arbeitsrecht der Gegenwart noch maßgeblich ist. Danach ist Betrieb *„die organisatorische Einheit, innerhalb derer ein Unternehmer allein oder in Gemeinschaft mit seinen Mitarbeitern mit Hilfe von sächlichen und immateriellen Mitteln bestimmte arbeitstechnische Zwecke fortgesetzt verfolgt"*. Wesentlich ist also, daß es sich um eine einheitliche Organisation handelt, die unter einheitlicher Leitung steht und einen bestimmten arbeitstechnischen Zweck verfolgt. Dabei ist es unerheblich, was der arbeitstechnische Zweck im einzelnen ist. Er ist durchaus nicht auf die Herstellung von Waren im Sinne eines Produktionsbetriebes beschränkt, sondern kann ebensogut ein Dienstleistungsbetrieb sein, wie dies in der Versicherungswirtschaft der Fall ist. Jede Niederlassung eines Versicherungsunternehmens, sei es, daß sie als Landes- oder Bezirksdirektion, Filialdirektion oder Geschäftsstelle bezeichnet wird, ist ein Betrieb oder Betriebsteil (siehe unten D. II. 1) in diesem Sinne. Im Betrieb spielt sich das Arbeitsleben ab; hier werden nicht nur die beiderseitigen Verpflichtungen aus den Arbeitsverträgen erfüllt; hier entsteht auch eine Gemeinschaft sowohl zwischen Arbeitgeber oder Betriebsleiter und Arbeitnehmern als auch der Arbeitnehmer untereinander. Durch das Betriebsverfassungsgesetz (siehe im einzelnen unten D. II) wird dieses Zusammenleben im Betrieb auf eine gesetzliche Grundlage gestellt und bestimmten Regeln unterworfen. Die Arbeitnehmer erhalten die Möglichkeit, ihre eigenen Vertreter (Betriebsräte) zu wählen, die ihre Interessen gegenüber dem Arbeitgeber oder Betriebsleiter wahrzunehmen haben.

4. Begriff des Unternehmens

Im Vergleich zum Betrieb ist das Unternehmen der weitere Begriff. Ein Unternehmen kann aus einem einzigen Betrieb bestehen; dann sind beide identisch. Sehr häufig und in der Versicherungswirtschaft wohl fast immer besteht ein Unternehmen aus einer Vielzahl von Betrieben oder Betriebsteilen, der Hauptverwaltung an der Spitze und den nachgeordneten Direktionen oder Geschäftsstellen. Während der Betrieb die tatsächliche Einheit ist, ist das Unternehmen die rechtliche Einheit, die auf einen bestimmten wirtschaftlichen Zweck hin ausgerichtet ist, z. B. die Gewährung von Versicherungsschutz. Diesem Zweck dienen sämtliche Betriebe des Unternehmens.

Wenn auch das Arbeitsrecht schwerpunktmäßig sicherlich an den Betrieb anknüpft, ist doch insofern das Unternehmen keineswegs bedeutungslos. Es gibt – ebenso wie es eine Vertretung der Arbeitnehmerschaft im Betrieb gibt – auch eine Vertretung der Arbeitnehmer auf Unternehmensebene: den Gesamtbetriebsrat. Darüber hinaus sind die Arbeitnehmer im Aufsichtsorgan des Unternehmens, dem Aufsichtsrat, entweder drittelparitätisch oder sogar paritätisch im Verhältnis zu den Vertretern der Anteilseigner vertreten (im einzelnen siehe unten D. III).

5. Begriff des Konzerns

Mehrere rechtlich selbständige Unternehmen, die unter einheitlicher Leitung zusammengefaßt sind, bilden einen Konzern. Innerhalb des Konzerns können durch jedes Einzelunternehmen ganz unterschiedliche wirtschaftliche Zwecke verfolgt werden; z. B. durch ein Unternehmen das Brauen von Bier, durch ein anderes die Herstellung von Zigaretten. Wenn hier eine einheitliche Leitung existiert – gleichgültig in welcher Rechtsform dies geschieht – spricht man von einem Konzern.

In der Versicherungswirtschaft gibt es zahlreiche Konzerne. Dies ist meistens schon deshalb erforderlich, weil wegen der sogenannten Spartentrennung die Geschäfte der Personen- und Sachversicherung nicht von ein und demselben Unternehmen betrieben werden dürfen. Anstelle eines einzelnen Unternehmens bedarf es dann der Gründung von mindestens zwei Unternehmen, die jedoch unter einheitlicher Leitung stehen und damit einen Konzern bilden.

B. Individualarbeitsrecht

Das Individualarbeitsrecht ist neben dem Kollektivarbeitsrecht eine der beiden großen Säulen des Arbeitsrechts (siehe auch oben A. I). Es beinhaltet die Rechtsgebiete, die die Beziehungen zwischen dem Arbeitgeber und den einzelnen Arbeitnehmern regeln. Dabei handelt es sich einmal um das Recht des Arbeitsverhältnisses und zum anderen um das Arbeitsschutzrecht. Zu ersterem, dem Arbeitsverhältnisrecht, gehören Fragen des Zustandekommens des Arbeitsvertrages, der Durchführung des Arbeitsverhältnisses selbst und schließlich der Beendigung einer arbeitsvertraglichen Beziehung. – Das Arbeitsschutzrecht dagegen ist öffentlich-rechtlicher Natur. Es umfaßt alle Rechtsvorschriften, die der Arbeitgeber zum Schutz der bei ihm beschäftigten Arbeitnehmer zu beachten hat (im einzelnen siehe unten C). Die Nichtbeachtung dieser Schutzvorschriften ist häufig mit Sanktionen bedroht. Der Arbeitgeber verhält sich also – wenn er schuldhaft gegen derartige Bestimmungen verstößt – ordnungswidrig oder macht sich strafbar.

I. Zustandekommen des Arbeitsvertrages

1. Vorvertragliche Phase

Bevor es zum Abschluß eines Arbeitsvertrages kommt, haben normalerweise zwischen dem künftigen Arbeitgeber und dem Bewerber mindestens ein Gespräch, oft auch mehrere Unterredungen stattgefunden. Diese sogenannten **Vorverhandlungen** sind rechtlich nicht ganz bedeutungslos; sie verpflichten vielmehr zu gegenseitiger Rücksichtnahme und zur Einhaltung bestimmter Sorgfaltspflichten. Begründet wird dies mit dem Grundsatz von Treu und Glauben, der ganz allgemein im Arbeitsrecht, das einen stark personenbezogenen Charakter hat, eine bedeutende Rolle spielt. Damit entstehen für beide Vertragspartner vor allem Aufklärungs-, Mitteilungs- und Obhutspflichten. So ist z. B. der Arbeitgeber verpflichtet, auf etwa überdurchschnittliche Anforderungen hinzuweisen, die er an den Bewerber zu stellen gedenkt. Umgekehrt muß dieser darauf hinweisen, wenn er z. B. wegen einer bestehenden Krankheit den Dienst zu dem vorgesehenen Zeitpunkt nicht antreten kann. Eine wichtige Obhutspflicht des Arbeitgebers ist die sorgfältige Aufbewahrung der vom Bewerber eingereichten Unterlagen.

Wenn der Arbeitgeber einen Bewerber zur Vorstellung aufgefordert hat, so hat dieser in aller Regel Anspruch auf Ersatz der ihm dadurch entstandenen Kosten, vor allem also etwa angefallener Fahrtkosten. Will der Arbeitgeber einen solchen Anspruch ausschließen, muß er dies vorher dem Bewerber mitteilen. Ein Ersatzanspruch entsteht selbstverständlich nicht, wenn sich der Bewerber unaufgefordert vorstellt, etwa auch aufgrund einer Zuweisung durch das Arbeitsamt.

Vor dem eigentlichen Einstellungsgespräch wird häufig dem Bewerber ein sogenannter **Personalfragebogen** vorgelegt; denn der Arbeitgeber hat ein Interesse, sich nach den persönlichen Verhältnissen des Bewerbers zu erkundigen. Allerdings darf dies nicht zu einem Eindringen in dessen Intimsphäre führen. Es dürfen nur solche Fragen gestellt werden, die für den zu besetzenden Arbeitsplatz von Bedeutung sind. Hierzu rechnen vor allem Fragen nach dem beruflichen Werdegang, dem bisherigen Gehalt, einer eventuell bestehenden Schwerbehinderteneigenschaft, unter bestimmten Voraussetzungen auch nach einer Schwangerschaft. Nach der Religions- oder Parteizugehörigkeit darf grundsätzlich nicht gefragt werden, ebensowenig nach der Gewerkschaftszugehörigkeit. – Die Frage nach Vorstrafen darf nur insoweit gestellt werden, als dies für den zu besetzenden Arbeitsplatz relevant ist; so dürfte z. B. bei einem Kassierer nach Vermögensdelikten, nicht jedoch nach Verkehrsstraftaten gefragt werden.

Bevor es zum Abschluß des Arbeitsvertrages kommt, muß jedenfalls in größeren Betrieben die Zustimmung des Betriebsrats eingeholt werden (siehe dazu unten D. II. 8c).

2. Arbeitsvertrag

Er wird allgemein definiert als privatrechtlicher, personenrechtlicher **gegenseitiger Austauschvertrag**, durch den sich der Arbeitnehmer zur Leistung von Arbeit, der Arbeitgeber zur Zahlung von Lohn oder Gehalt verpflichtet. Auch für ihn gilt grundsätzlich das Prinzip der Vertragsfreiheit. Dies ist allerdings in den letzten Jahrzehnten im Interesse der Arbeitnehmer durch gesetzliche und tarifliche Vorschriften zunehmend eingeschränkt worden. Dies erklärt sich vor allem daraus, daß normalerweise der Arbeitnehmer darauf angewiesen ist, durch Einsatz seiner Arbeitskraft seinen Lebensunterhalt und den seiner Angehörigen zu verdienen. Es soll damit der Gefahr begegnet werden, daß die Arbeitgeber als die wirtschaftlich Stärkeren die insofern bestehende Unterlegenheit sich zunutze machen, um den Arbeitnehmern Arbeitsbedingungen aufzuzwingen, die diese sonst nicht akzeptieren würden. Hinzu kommt die Eigenart des Arbeitsverhältnisses, das nicht wie etwa Kauf- oder Mietvertrag den Austausch einer Sache gegen Geld, sondern die menschliche Arbeitskraft zum Gegenstand hat. Dies führt nicht nur zu dem Zwang der Einhaltung bestimmter Mindestvorschriften (entgegenstehende Vereinbarungen wären unwirksam), sondern auch zu bestimmten Pflichten beider Arbeitsvertragspartner, die üblicherweise als Treue- und Fürsorgepflicht bezeichnet werden (im einzelnen siehe dazu unten B. II. 1).

Der Arbeitsvertrag kommt dadurch zustande, daß Arbeitgeber und Arbeitnehmer **übereinstimmende Willenserklärungen** abgeben. Dabei ist es gleichgültig, ob dies **mündlich** oder schriftlich geschieht; es sei denn, ein Tarifvertrag sehe ausnahmsweise **Schriftform** als zwingendes Erfordernis vor. Das ist jedoch im Tarifvertrag für das private Versicherungsgewerbe nicht der Fall. Er bestimmt lediglich, daß jeder Neueingestellte vor Dienstantritt eine schriftliche Anstellungsbestätigung bekommen muß, in der bestimmte Einzelheiten des Arbeitsverhältnisses niedergelegt sind. Für das Zustandekommen des Arbeitsvertrages ist diese Urkunde jedoch ohne Belang; er kommt auch ohne sie wirksam zustande. Während früher Arbeitsverträge fast nur mündlich abgeschlossen wurde, ist dies heute zumindest im Angestelltenbereich kaum noch der Fall. Schon aus Gründen der Beweiserleichterung werden heute in der Praxis fast immer schriftliche Arbeitsverträge ausgefertigt und von beiden Parteien unterschrieben.

Arbeitsverträge können wie andere Verträge auch angefochten werden. In Frage kommen hier vor allem Anfechtungen durch den Arbeitgeber wegen Irrtums oder wegen arglistiger Täuschung. Von Täuschung kann allerdings nur dann gesprochen werden, wenn der Bewerber (z. B. im Personalfragebogen) in zulässiger Weise befragt worden ist und bewußt eine falsche Antwort gegeben hat, obwohl er hätte wissen müssen, daß die Beantwortung der Frage für die Entscheidung des Arbeitgebers eine wesentliche Rolle spielte. In Frage kommt hier z. B. die zulässige Frage nach einschlägigen Vorstrafen oder nach einer bestehenden Schwerbehinderteneigenschaft.

Erfährt der Arbeitgeber von Umständen, die ihn zur Anfechtung berechtigten, so muß er von dieser Möglichkeit innerhalb bestimmter Fristen Gebrauch machen. Tut er dies, so wird für die Zeit bis zur Anfechtung das Arbeitsverhältnis als faktisch bestehend angesehen, so daß der Arbeitnehmer bis dahin erhaltenes Entgelt nicht zurückzahlen muß.

3. Gestaltungsformen des Arbeitsvertrages

Im Regelfall werden **Arbeitsverträge auf unbestimmte Zeit** abgeschlossen; d. h., daß es normalerweise zu ihrer Beendigung einer Kündigung von seiten eines der beiden Vertragspartner bedarf (im einzelnen siehe dazu unten B. III).

Möglich sind aber auch **Arbeitsverhältnisse von bestimmter Dauer**; sie enden automatisch ohne Kündigung, wenn die vertraglich vorgesehene Zeit abgelaufen ist. Häufig werden **Probearbeitsverhältnisse** befristet abgeschlossen. Zweck der Vereinbarung einer Probezeit ist es allgemein, beiden Partnern des Arbeitsvertrages die Möglichkeit zu geben, über einen längeren Zeitraum hinweg (meistens 3 oder 6 Monate) zu prüfen, ob der Arbeitnehmer für die Stellung geeignet ist bzw. ob der neue Arbeitsplatz den Vorstellungen des Arbeitnehmers entspricht. Sollte sich innerhalb einer befristeten Probezeit herausstellen, daß zumindest auf einer Seite die Erwartungen nicht erfüllt worden sind, so kann das Arbeitsverhältnis beendet werden, ohne daß es noch einer Kündigung bedarf.

Anders ist es bei Eingehung eines Arbeitsverhältnisses von unbestimmter Dauer mit vorgeschalteter Probezeit, was ebenfalls teilweise gebräuchlich ist. Hier ist von Anfang an ein zeitlich unbefristetes Arbeitsverhältnis zustandegekommen, das nur noch durch Ausspruch einer Kündigung beendet werden kann.

Auch **Aushilfsarbeitsverhältnisse** werden **häufig befristet** abgeschlossen. Das ergibt sich aus der Natur der Sache. Hier handelt es sich regelmäßig um einen vorübergehenden zusätzlichen Arbeitskräftebedarf, z. B. während der Urlaubszeit, während des Jahresabschlusses oder bei längerem krankheitsbedingten Ausfall eines Arbeitnehmers. Inhaltlich kann ein derartiges Aushilfsarbeitsverhältnis so gestaltet werden, daß das Ende nach dem Kalender festgelegt wird oder auch – falls z. B. bei Krankheit das Ende noch nicht feststeht – indem bestimmt wird, das Arbeitsverhältnis solle sein Ende finden, wenn der vertretene Arbeitnehmer den Dienst wieder aufnehmen kann. In jedem Fall endet nach Ablauf der vorgesehenen Zeit bzw. nach Zweckerreichung das befristete Arbeitsverhältnis, ohne daß vorher eine Kündigung ausgesprochen werden müßte.

Gegen den Abschluß befristeter Arbeitsverhältnisse bestehen grundsätzlich keine Bedenken, sofern für die Befristung ein sachlicher Grund vorhanden ist. **Unzulässig** ist jedoch die Vereinbarung sogenannter **Kettenarbeitsverträge**, d. h. mehrfach hintereinander vereinbarter Befristungen, ohne daß dafür ein sachlicher Grund besteht. Ein solcher Grund kann z. B. darin liegen, daß ein Arbeitnehmer sich während eines befristeten Probearbeitsverhältnisses nicht voll bewährt hat, man ihm aber noch eine Chance zur Bewährung einräumen will. Dann wäre die Vereinbarung eines weiteren Probearbeitsverhältnisses möglich. – Werden dagegen mehrere Befristungen hintereinander vereinbart, ohne daß es dafür einen sachlichen Grund gibt, braucht der Arbeitnehmer die Befristung nicht gegen sich gelten zu lassen; d. h. es ist ein unbefristetes Arbeitsverhältnis zustandegekommen, das nur noch durch Kündigung beendet werden kann.

Befristungen von Arbeitsverhältnissen, ohne daß dafür ein sachlicher Grund vorliegt, sind ausnahmsweise nach dem **Beschäftigungsförderungsgesetz** möglich. Es gilt allerdings nur in der Zeit vom 1.5.1985 bis 1.1.1990. Das Gesetz läßt einmalige Befristungen von Arbeitsverhältnissen bis zur Dauer von 18 Monaten zu, wenn entweder der Arbeitnehmer neu eingestellt wird oder er nach der Berufsausbildung nur vorübergehend weiterbeschäftigt werden kann, weil ein Arbeitsplatz für einen unbefristet eingestellten Mitarbeiter nicht zur Verfügung steht. Mit diesen Vorschriften wird erreicht, daß Arbeitslose oder potentiell Arbeitslose wenigstens für einen bestimmten Zeitraum einen Arbeitsvertrag bekommen, den sie in unbefristeter Form nicht bekommen würden, weil dem Arbeitgeber die künftige Geschäftsentwicklung zu unsicher erscheint und er sich deshalb nicht langfristig festlegen will.

Ein typisches befristetes Arbeitsverhältnis wird schließlich durch den Berufsausbildungsvertrag begründet. Das Ausbildungsverhältnis endet nach den Vorschriften des Berufsbildungsgesetzes mit Ablauf der Ausbildungszeit oder mit Bestehen der Abschlußprüfung (im einzelnen siehe unten B. I. 4).

4. Sonderformen von Arbeitsverhältnissen

a) Berufsausbildung

Auch der Berufsausbildungsvertrag ist ein Arbeitsvertrag, allerdings mit ganz bestimmtem Inhalt, nämlich der beruflichen Grundausbildung des Auszubildenden und der Vermittlung fachlicher Kenntnisse und Fertigkeiten für eine qualifizierte berufliche Tätigkeit in einem anerkannten Ausbildungsberuf. Wie grundsätzlich andere Arbeitsverhältnisse auch, kann der Berufsausbildungsvertrag mündlich oder schriftlich abgeschlossen werden. Allerdings muß ein nur mündlich abgeschlossener Vertrag spätestens vor Beginn der betrieblichen Ausbildung schriftlich niedergelegt werden. – Häufig ist der Auszubildende bei Vertragsschluß noch minderjährig; er wird dann durch seinen gesetzlichen Vertreter vertreten. Die Vertragsniederschrift muß zu bestimmten Punkten Angaben enthalten, unter anderem zur Dauer der Ausbildung. Die Ausbildung soll nicht mehr als 3 und nicht weniger als 2 Jahre betragen. Der Ausbildungsvertrag ist ein **Zeitvertrag.** Er findet sein Ende mit dem Ablauf der Ausbildungszeit oder – falls der Auszubildende vorher die Abschlußprüfung besteht – mit deren Bestehen. Wird die Prüfung nicht bestanden, verlängert sich das Ausbildungsverhältnis auf Wunsch des Auszubildenden bis zur nächsten Wiederholungsprüfung, höchstens um 1 Jahr.

Da Zweck des Ausbildungsvertrages nicht die Erbringung einer Arbeitsleistung durch den Auszubildenden ist, sondern die Vermittlung einer qualifizierten Berufsausbildung, können Berufsausbildungsverhältnisse auch nicht ohne weiteres gekündigt werden. Eine Kündigung ist normalerweise nur während der Probezeit – und hier sogar ohne Einhaltung bestimmter Fristen – möglich. Eine Probezeit muß vereinbart werden; sie muß mindestens einen Monat und darf höchstens drei Monate betragen. Nach Ablauf dieser Zeit kann das Ausbildungsverhältnis nur noch unter bestimmten engen Voraussetzungen gekündigt werden, nämlich fristlos aus wichtigem Grunde und vom Auszubildenden selbst mit einer Frist von 4 Wochen, wenn er die Berufsausbildung aufgeben oder sich für einen anderen Beruf ausbilden lassen will.

Grundsätzlich dürfen die Parteien eines Ausbildungsvertrages für die Zeit nach der Ausbildung keine Vereinbarungen treffen, die den Auszubildenden in seiner beruflichen Tätigkeit einschränken. Eine solche Einschränkung läge z. B. auch in der Verpflichtung des Auszubildenden, nach der Abschlußprüfung ein Arbeitsverhältnis auf unbestimmte Zeit mit dem Ausbildungsbetrieb einzugehen. Dies ist nur möglich während der letzten 3 Monate des Ausbildungsverhältnisses. Eine schon vor dieser Zeitspanne zustandegekommene Vereinbarung wäre wegen Gesetzesverstoßes nichtig.

Wie jedes Arbeitsverhältnis bringt auch das Ausbildungsverhältnis Rechte und Pflichten für beide Vertragsparteien mit sich. Hauptpflicht des Ausbildenden ist es, dafür zu sorgen, daß dem Auszubildenden alle zur Erreichung des Ausbildungszieles erforderlichen Kenntnisse und Fertigkeiten vermittelt werden. Er kann dies selbst tun oder damit einen persönlich und fachlich geeigneten Ausbilder beauftragen. Zur Ausbildung gehört auch die Pflicht, den Auszubildenden zum Besuch der Berufsschule sowie zum Führen eventueller Berichtshefte anzuhalten.

Den Pflichten des Ausbildenden entsprechen bestimmte Pflichten des Auszubildenden, vor allem die Lernpflicht und die Beachtung der im Ausbildungsbetrieb geltenden Ordnung. Nachhaltige und schwerwiegende Verstöße dagegen können sogar die fristlose Kündigung eines Auszubildenden nach sich ziehen.

b) Heimarbeit

Heimarbeiter sind keine echten Arbeitnehmer, werden aber wegen ihrer wirtschaftlichen Abhängigkeit auch nicht wie Selbständige behandelt, sondern gehören zum Kreis der sogenannten **arbeitnehmerähnlichen Personen** (siehe auch A. IV. 1). Die Heimarbeiter spielen in der Versicherungswirtschaft zahlenmäßig nur eine geringe Rolle, weshalb auf sie im Rahmen dieser Abhandlung auch nur kurz eingegangen werden soll. Wenn überhaupt in der Versicherungswirtschaft einmal an Heimarbeiter Arbeit vergeben wird, so handelt es sich dabei meistens um Routineschreibarbeiten, unter Umständen auch einmal um einfache Schadensregulierungen. Nach der Definition des Heimarbeitsgesetzes ist Heimarbeiter derjenige, der „*in selbst gewählter Arbeitsstätte (eigene Wohnung . . .) im Auftrag von Gewerbetreibenden erwerbsmäßig arbeitet, jedoch die Verwertung der Arbeitsergebnisse dem . . . auftraggebenden Gewerbetreibenden überläßt*“. Auch diese Definition zeigt deutlich, daß es sich hier um einen Personenkreis handelt, der zwischen selbständigem Unternehmer und Arbeitnehmer steht.

Das **Entgelt** der Heimarbeiter kann zwar ebenfalls durch Tarifvertrag geregelt werden; für die in der Versicherungswirtschaft tätigen Heimarbeiter ist ein derartiger Tarifvertrag jedoch nicht abgeschlossen worden. Vielmehr besteht eine sogenannte **„bindende Festsetzung“**, die die Entgelte, aber auch die sonstigen Vertragsbedingungen für Adressenschreiben, Abschreibearbeiten und ähnliche Arbeiten regelt. Diese bindende Festsetzung wird durch den beim Bundesarbeitsministerium bestehenden Heimarbeitsausschuß erlassen, nachdem dieser die Auftraggeber und die Beschäftigten bzw. deren jeweilige Repräsentanten gehört hat. Sie ist verbindlich für alle unter den persönlichen Geltungsbereich einer solchen bindenden Festsetzung Fallenden. Wie auch Tarifverträge enthalten bindende Festsetzungen Mindestnormen, die durch einzelvertragliche Vereinbarungen nicht unterschritten werden dürfen. So wäre z. B. die Absprache einer niedrigeren Bezahlung als in der bindenden Festsetzung vorgesehen unwirksam und damit unverbindlich. Ebenso wie Gehaltstarifverträge werden auch bindende Festsetzungen in Abständen von rund einem Jahr überprüft und mindestens die Entgeltregelungen verbessert.

Abgesehen von den Bestimmungen in der bindenden Festsetzung enthalten unter anderem das Heimarbeitsgesetz und das Bundesurlaubsgesetz Vorschriften zum Schutz der Heimarbeiter, z. B. auch einen besonderen Kündigungsschutz, der an den der Arbeitnehmer angelehnt ist. Während der Kündigungsfrist besteht eine besondere Entgeltsicherung in der Form, daß der Heimarbeiter auch bei Abgabe einer geringeren Arbeitsmenge Anspruch auf eine Art Entgeltfortzahlung hat. Die Einhaltung der zahlreichen Schutzvorschriften zugunsten der Heimarbeiter wird von den Arbeitsministerien der Länder und in deren Auftrag von der Gewerbeaufsicht überwacht. So muß z. B. ein Auftraggeber, der erstmals Heimarbeit vergibt, dies der aufsichtsführenden Stelle melden; es müssen Listen über die beschäftigten Heimarbeiter geführt und ausgehängt sowie der Aufsichtsbehörde übersandt werden; außerdem müssen Entgeltverzeichnisse offen ausgelegt oder sonst zur Kenntnis der Heimarbeiter gebracht werden. – Die Einhaltung der gesetzlichen Schutzvorschriften zugunsten der Heimarbeiter wird durch Strafen und Bußgelder gesichert.

II. Durchführung des Arbeitsverhältnisses

Rechte und Pflichten der Arbeitsvertragsparteien

a) Die Treue- und Fürsorgepflicht

Da ganz allgemein das **Arbeitsverhältnis** als **personenrechtliches Gemeinschaftsverhältnis** verstanden wird, erschöpfen sich die Pflichten der Arbeitsvertragsparteien nicht in den beiderseitigen Hauptpflichten (Arbeit gegen Vergütung); vielmehr bestehen wechselseitig umfangreiche Nebenpflichten, die unter dem Oberbegriff der Treuepflicht zusammengefaßt werden. Die Treuepflicht des Arbeitgebers wird auch als Fürsorgepflicht bezeichnet; ihre Begründung liegt darin, daß durch den Arbeitsvertrag der Arbeitnehmer dem

Arbeitgeber seine Arbeitskraft zur Verfügung stellt, um auf diese Weise den eigenen Lebensunterhalt und den seiner Familie zu sichern.

Die **Treuepflicht** ist ein zu komplexer Begriff, als daß sie sich durch eine griffige Definition scharf abgrenzen ließe. Sie läßt sich vielmehr nur allgemein bestimmen als Verpflichtung des Arbeitnehmers, sich nach besten Kräften für die Interessen des Arbeitgebers und das Gedeihen des Betriebes einzusetzen und alles zu unterlassen, was dem Arbeitgeber oder dem Betrieb abträglich sein könnte. Es kann sich hier sowohl um Handlungs- wie auch um Unterlassungspflichten handeln. Inhalt und Umfang der Treuepflicht können im Einzelfall durchaus unterschiedlich sein; dabei spielt auch die Art des Arbeitsverhältnisses eine Rolle. So wird etwa bei einem Prokuristen in einer Vertrauensposition die Treuepflicht stärker ausgeprägt sein als bei einem gewerblichen Arbeitnehmer. Auch die Dauer eines Arbeitsverhältnisses ist in diesem Zusammenhang von Bedeutung; je länger es besteht, desto höhere Anforderungen können an die Treuepflicht des Arbeitnehmers gestellt werden. Die Treuepflicht gibt oft näheren Aufschluß über die sonstigen Pflichten aus dem Arbeitsverhältnis. So kann z. B. die Arbeitspflicht dahin konkretisiert werden, daß bei Bedarf Überstunden erbracht werden müssen oder daß vorübergehend einmal eine andere als die vertraglich vereinbarte Arbeit geleistet werden muß. Die Treuepflicht kann auch bewirken, daß der Arbeitnehmer ein bestimmtes Verhalten unterläßt. So darf er z. B. keine den Ruf oder den Kredit seines Arbeitgebers schädigenden Nachrichten verbreiten; er darf keine Schmiergelder annehmen, abgesehen von gebräuchlichen kleinen Gelegenheitsgeschenken, wobei allerdings die Abgrenzung nicht immer ganz einfach ist.

Die **Fürsorgepflicht** ergibt sich aus dem Schutzgedanken des Arbeitsverhältnisses. Ebenso wie die Treuepflicht auf seiten des Arbeitnehmers konkretisiert sie Inhalt und Umfang der anderen arbeitsvertraglichen Pflichten. Auch hier läßt sich eine allgemein gültige Definition nicht geben; vielmehr hängt die Intensität der Fürsorgepflicht vom Einzelfall ab. Allgemein wird man sagen können, daß die Fürsorgepflicht umso ausgeprägter ist, je stärker der Arbeitnehmer an die Weisungen des Arbeitgebers gebunden ist. Ganz allgemein bedeutet die Fürsorgepflicht, daß der Arbeitgeber gehalten ist, vom Arbeitnehmer vermeidbare Schäden abzuwenden. Selbstverständlich hindert die Fürsorgepflicht den Arbeitgeber nicht, mit den gesetzlich zulässigen Mitteln seine Interessen wahrzunehmen, so z. B. Rationalisierungsmaßnahmen im Betrieb durchzuführen, selbst wenn dabei Arbeitnehmern gekündigt werden muß. Allerdings darf er hier nicht willkürlich vorgehen, sondern muß bei gleicher fachlicher Eignung den weniger schutzbedürftigen Arbeitnehmern zuerst kündigen.

Ihre wichtigste Ausprägung findet die Fürsorgepflicht selbstverständlich in der Sorge für Leben und Gesundheit des Arbeitnehmers, die auch in zahlreichen Schutzgesetzen ihren Niederschlag gefunden hat (vgl. im einzelnen unten C. I–VI). Darüber hinaus hat aber der Arbeitgeber auch für die in den Betrieb eingebrachten Sachen des Arbeitnehmers Sorge zu tragen; dies allerdings nicht unbegrenzt. Vielmehr muß es sich um persönlich nicht entbehrliche Sachen des Arbeitnehmers oder doch zumindest um solche handeln, die mit dem Arbeitsverhältnis in einem wenn auch losen Zusammenhang stehen. Nicht haftbar gemacht werden kann der Arbeitgeber z. B., wenn im Betrieb ein sehr wertvoller Pelzmantel verlorengeht oder ein wertvolles Schmuckstück. Anders ist aber z. B. das Mitbringen einer normalen Uhr oder eines angemessenen Geldbetrages zu beurteilen. Insofern muß der Arbeitgeber geeignete Verwahrungsmöglichkeiten zur Verfügung stellen, da er damit rechnen muß, daß derartige Sachen mit in den Betrieb gebracht werden.

Verletzt der Arbeitgeber seine Fürsorgepflicht schuldhaft, so ist er zum Ersatz des Schadens verpflichtet, der dem Arbeitnehmer dadurch entstanden ist. Trifft allerdings den Arbeitnehmer ein Mitverschulden, z. B. indem er bestehende Schutzvorschriften unbeachtet gelassen oder von einer Verwahrungsmöglichkeit nicht Gebrauch gemacht hat, so kann die Ersatzpflicht des Arbeitgebers reduziert oder überhaupt ausgeschlossen sein.

b) Arbeitspflicht

Sie ist die **Hauptpflicht des Arbeitnehmers** aus dem Arbeitsverhältnis. Die Arbeitspflicht ist an die Person des Arbeitnehmers gebunden; d. h. im Normalfall muß er die vereinbarte Arbeitsleistung selbst erbringen und kann damit nicht Dritte beauftragen. Zumindest in groben Zügen ist im Arbeitsvertrag festgelegt, welche Arbeitspflicht der Arbeitnehmer hat; z. B. Einstellung als Sachbearbeiter, als Sekretärin. Ihre **Konkretisierung** im einzelnen erfährt die Arbeitspflicht dann **durch das Direktions- oder Weisungsrecht des Arbeitgebers.** Diesem entspricht auf seiten des Arbeitnehmers die **Gehorsamspflicht.** Beides besteht selbstverständlich nicht schrankenlos. Maßgeblich ist einmal der Arbeitsvertrag selbst. Ist dort z. B. eine Beschäftigung als Vorstandsekretärin vereinbart, so kann nicht der Arbeitgeber einseitig in Ausübung seines Direktionsrechts eine Versetzung auf den Posten der Sekretärin z. B. eines Abteilungsleiters anordnen. Bei Vereinbarung einer Sachbearbeitertätigkeit dagegen ist der mögliche Tätigkeitsrahmen sehr weit. Seine Grenze findet er allerdings an der Zumutbarkeit für den Arbeitnehmer. Sind die Grenzen des Direktionsrechts – das ja immer einseitig ausgeübt wird – überschritten und will der Arbeitgeber trotzdem eine Änderung der Arbeitspflicht herbeiführen, muß er eine sogenannte *Änderungskündigung* aussprechen (im einzelnen siehe dazu unten B. III. 2c).

Der **Umfang der Arbeitspflicht** läßt sich nicht fest umreißen; er bestimmt sich nach den Grundsätzen von Treu und Glauben. Danach muß während der vorgesehenen Arbeitszeit der Arbeitnehmer mit den ihm zur Verfügung stehenden geistigen und körperlichen Kräften arbeiten. Allerdings braucht er mit seinen Kräften nicht Raubbau zu treiben. So braucht er z. B. nicht zur Arbeit zu erscheinen, wenn er krank ist. Allerdings ist er verpflichtet, seine Arbeitsunfähigkeit unverzüglich dem Arbeitgeber oder dessen Vertreter zu melden und, wenn die Krankheit länger dauert, eine ärztliche Arbeitsunfähigkeitsbescheinigung in den Betrieb zu senden.

Zur **Leistung von Überstunden** ist der Arbeitnehmer nicht ohne weiteres verpflichtet. Vielfach enthält aber der Arbeitsvertrag einen entsprechenden Passus; aber auch aufgrund der Treuepflicht kann der Arbeitnehmer gehalten sein, Überstunden zu erbringen, soweit ihm dies im Einzelfall zumutbar ist.

c) Vergütungspflicht

Der Arbeitspflicht auf seiten des Arbeitnehmers entspricht auf der Seite des Arbeitgebers die Pflicht zur Zahlung von Lohn oder Gehalt. Gewerbliche Arbeitnehmer erhalten als Vergütung für ihre Tätigkeit Lohn, während kaufmännische oder technische Angestellte ein Gehalt beziehen. Der Lohn wird heute noch regelmäßig nach Stunden bezahlt, während der Gehaltsberechnung eine monatliche Tätigkeit zugrundeliegt. Da in der privaten Versicherungswirtschaft die wenigen dort beschäftigten gewerblichen Arbeitnehmer in den persönlichen Geltungsbereich des Tarifvertrages einbezogen sind, erhalten auch sie Monatsgehälter. Einzige Ausnahmen sind hier die Arbeitnehmer im Reinigungs- und Küchenhilfsdienst, für die ausdrücklich vorgesehen ist, daß Stundenlohnvereinbarungen getroffen werden können. Weil die Zahlung von Gehältern in der Versicherungswirtschaft die absolute Regel ist, soll im folgenden nur von Gehältern, nicht mehr von Löhnen gesprochen werden.

Die **Höhe des Gehaltes** richtet sich nach den Bestimmungen des Tarifvertrages für das private Versicherungsgewerbe; dabei handelt es sich um Mindestbedingungen, die auch durch einzelvertragliche Vereinbarung nicht unterschritten werden dürfen. Würde eine derartige Vereinbarung dennoch getroffen, wäre sie nichtig und damit wirkungslos. Soweit der Arbeitnehmer nicht unter den persönlichen Geltungsbereich des Tarifvertrages fällt (z. B. Prokuristen) oder er Empfänger eines sogenannten *außertariflichen Gehalts* ist, d. h. eines Gehalts oberhalb der höchsten Tarifgruppe VII, wird das Gehalt durch Individualvereinbarung festgelegt. Für die weitaus größte Zahl der Arbeitnehmer in der Versicherungswirtschaft bemißt sich das Gehalt nach den Vorschriften des Gehaltstarifvertrages, sei es, weil der betreffende Arbeitnehmer bei einer der vertragsschließenden Gewerkschaften Mitglied ist, sei es, weil die Anwendung des Tarifvertrages einzelvertraglich vereinbart wurde. Dabei muß man unterscheiden zwischen Grundgehalt und eventuellen Zulagen, die entweder sozialen Charakter haben oder leistungsbezogen sind. Die **Höhe des Grundgehalts** ist **abhängig von der Einstufung** in eine der sieben Gehaltsgruppen, die je nach Schwierigkeitsgrad der zu verrichtenden Tätigkeit von Gruppe I bis Gruppe VII reichen. Um die manchmal schwierige Einstufung in die richtige Gehaltsgruppe zu erleichtern, wurden für jede Gruppe allgemeine Merkmale formuliert, die um konkrete Tätigkeitsbeispiele ergänzt wurden. Dabei richtet sich die Eingruppierung grundsätzlich nicht nach der Qualifikation des Arbeitnehmers oder etwa von ihm abgelegter Prüfungen wie im öffentlichen Dienst, sondern nach der tatsächlichen Beschäftigung. Einzige Ausnahme von diesem Prinzip bilden die Versicherungskaufleute. Sie sind nach bestandener Prüfung mindestens in die Gehaltsgruppe III einzuordnen. – Innerhalb der einzelnen Gehaltsgruppen besteht eine **zusätzliche Staffelung nach Berufsjahren**; d. h. das Einkommen wächst bei gleichbleibender Tätigkeit mit den Berufsjahren. Dies widerspricht eigentlich dem sonst im Tarifvertrag verankerten Prinzip, wonach für die Entlohnung die Art der Tätigkeit maßgeblich ist. Da aber mit der Zahl der zurückgelegten Berufsjahre in aller Regel auch die Erfahrung wächst und damit die Qualität der Arbeit, ist die vorgenommene Staffelung durchaus sachlich gerechtfertigt.

Zum Arbeitsentgelt zählt nicht nur das Gehalt selbst, sondern auch etwa zu zahlende Zulagen, die entweder durch Tarifvertrag festgelegt sind oder durch einzelvertragliche Vereinbarung. So sieht der Tarifvertrag z. B. eine sogenannte *Verantwortungszulage* für Arbeitnehmer vor, die Verantwortung für eine Abteilung oder Arbeitsgruppe haben, sowie eine *Sozialzulage* für Arbeitnehmer mit einem oder mehreren Kindern. Daneben gibt es Zuschläge zum Gehalt, z. B. für die Ableistung von Überstunden oder von Nacht- oder Schichtarbeit.

Das gesamte Arbeitsentgelt wird nachträglich, spätestens am letzten Arbeitstag eines Monats ausgezahlt. Der Arbeitnehmer erhält jedoch nur den Nettobetrag, da der Arbeitgeber zur Einbehaltung von Lohn- und Kirchensteuer sowie Sozialversicherungsbeiträgen verpflichtet ist.

Eine **besondere Form der Vergütung** ist **für den Werbeaußendienst**, der ja in der Versicherungswirtschaft eine bedeutende Rolle spielt, üblich. Zum Werbeaußendienst rechnen Arbeitnehmer, die entweder selbst Neugeschäft vermitteln oder mit der Anwerbung, Unterstützung und Betreuung von angestellten oder selbständigen Vermittlern betraut sind. Als Vergütung erhalten diese Arbeitnehmer meistens neben einem sogenannten *Fixum* (Gehalt oder Provisionsgarantie) Provision für das von ihnen selbst oder von den ihnen unterstellten Vermittlern vermittelte Geschäft. Da aber das Provisionseinkommen je nach Verkaufserfolg des Außendienstangestellten oder seiner Organisation sehr unterschiedlich ausfallen kann, setzt der Tarifvertrag ein sogenanntes **Mindesteinkommen** fest, das dem Arbeitnehmer unabhängig vom jeweils erzielten Verkaufserfolg monatlich zu zahlen ist. Verdiente Provisionen sind, wenn nichts anderes vereinbart ist, auf das Mindesteinkommen anzurechnen. Dabei ist mindestens einmal jährlich eine Gesamtabrechnung vorzunehmen, bei der ein verbleibender Schuldsaldo abgeschrieben werden muß, wenn sonst das Mindesteinkommen nicht erreicht würde.

Auch **für Auszubildende** sieht der Tarifvertrag eine **besondere Vergütung** vor, die aber nicht Vergütung für geleistete Arbeit oder für einen bestimmten erreichten Erfolg ist, sondern eine Art Unterhaltszuschuß. Die Ausbildungsvergütung steigt mit den Ausbildungsjahren. Bei Verkürzung der Ausbildungszeit z. B. um ein Jahr ist von Anfang an die Vergütung für das zweite Ausbildungsjahr zu zahlen.

d) Vergütung ohne Arbeitsleistung

Wenn auch im Grundsatz die Vergütung für eine bestimmte Arbeitsleistung gezahlt wird, so bestehen doch hier gewichtige Ausnahmen. Sie haben ihren Grund in dem allgemein dem Arbeitsrecht immanenten Schutzgedanken und damit auch der Fürsorgepflicht des Arbeitgebers gegenüber den bei ihm beschäftigten Arbeitnehmern. So besteht innerhalb bestimmter zeitlicher Grenzen und unter bestimmten Voraussetzungen die **Pflicht zur Gehaltsfortzahlung**, obwohl der Arbeitnehmer keine Arbeitsleistung erbringt. Die **Hauptfälle** derartiger einseitiger Leistungspflichten des Arbeitgebers sind **Krankheit** und **Urlaub** des Arbeitnehmers sowie die **Schutzfristen nach dem Mutterschutzgesetz.**

aa) Krankheit

Arbeitnehmer, die infolge von Krankheit oder Unfall arbeitsunfähig sind, erhalten ihre Bezüge sechs Wochen lang fortgezahlt. Voraussetzung ist allerdings, daß sie an der Arbeitsunfähigkeit kein Verschulden trifft. Dabei führt nicht jede Krankheit automatisch auch zu einer Arbeitsunfähigkeit des Arbeitnehmers; vielmehr kommt es auf den Einzelfall und damit auf die Art der Tätigkeit des betreffenden Arbeitnehmers an. So wird z. B. ein Beinbruch einen Außendienstmitarbeiter in aller Regel arbeitsunfähig machen, während dies bei einem Innendienstangestellten durchaus nicht der Fall zu sein braucht. **Kein Gehaltsfortzahlungsanspruch** besteht, **wenn** der Arbeitnehmer die **Arbeitsunfähigkeit verschuldet** hat. Dabei muß es sich allerdings schon um einen groben Verstoß gegen das von einem vernünftigen Menschen zu erwartende Verhalten handeln. Ob ein Verschulden in diesem Sinne z. B. schon dann vorliegt, wenn ein Arbeitnehmer entgegen den Bestimmungen der Straßenverkehrsordnung nicht angeschnallt im Auto sitzt und bei einem Verkehrsunfall verletzt wird, war zunächst sehr umstritten, ist aber vom Bundesarbeitsgericht bejaht worden. Sportunfälle können verschuldet sein, wenn es sich um eine besonders gefährliche Sportart handelt, die die Leistungsfähigkeit des Arbeitnehmers deutlich übersteigt, z. B. Boxen, Moto-Cross-Rennen. Auch Verletzungen aufgrund von Schlägereien können verschuldet sein, wenn der Arbeitnehmer sie provoziert hat. – Der Arbeitgeber, der sich darauf berufen will, daß eine Arbeitsunfähigkeit schuldhaft herbeigeführt wurde, muß dies beweisen.

Der Tarifvertrag für das private Versicherungsgewerbe sieht für die **Berechnung der Krankenvergütung des Innendienstes** das sogenannte **Lohnausfallprinzip** vor; d. h. der Arbeitnehmer hat Anspruch auf die Vergütung, die er erhalten hätte, wenn er nicht krank geworden wäre, also das Grundgehalt zuzüglich etwaiger normalerweise gezahlter Zuschläge, aber auch einmaliger Leistungen, die gerade in die Zeit der Krankheit fallen, wie etwa eine Gratifikation zum Jahresabschluß. Dagegen gilt für den **Werbeaußendienst** das **Referenzprinzip.** Hier erhält der Arbeitnehmer sein monatliches Durchschnittseinkommen der letzten 12 Monate vor Beginn der Arbeitsunfähigkeit.

Der Arbeitnehmer, der seiner Arbeitspflicht nicht nachkommen kann, muß dies dem Arbeitgeber unverzüglich mitteilen oder mitteilen lassen. Er ist außerdem verpflichtet, die Arbeitsunfähigkeit durch ärztliche Bescheinigung nachzuweisen, und zwar normalerweise nach Ablauf von drei Tagen. Dies ist meistens betrieblich vereinbart.

Der Anspruch auf Vergütungsfortzahlung bei Krankheit ist unabdingbar; d. h. daß der Arbeitnehmer darauf wirksam nicht verzichten kann.

bb) Schutzfristen nach dem Mutterschutzgesetz

Werdende Mütter und Wöchnerinnen, die in einem Arbeitsverhältnis stehen, genießen besonderen Schutz (im einzelnen dazu siehe unten C. IV). So dürfen sie in den letzten sechs Wochen vor und acht Wochen nach der Entbindung nicht beschäftigt werden (Mutterschutzfrist). Während dieser Zeit erhält die Arbeitnehmerin jedoch ihr durchschnittlich in den vorangegangenen drei Kalendermonaten verdientes Nettoentgelt fortgezahlt, und zwar von der Kasse bzw. vom Bund Mutterschaftsgeld bis DM 25,– pro Kalendertag, das gegebenenfalls vom Arbeitgeber durch einen Zuschuß in Höhe des Differenzbetrages zu dem Nettoarbeitsentgelt der Arbeitnehmerin aufgestockt wird.

cc) Urlaub

Der Anspruch auf Erholungsurlaub gehört notwendig zum Bestand eines Arbeitsverhältnisses. Für einen gewissen Zeitraum innerhalb des Jahres soll der Arbeitnehmer die Möglichkeit haben, sich von den Anstrengungen der geleisteten Arbeit zu erholen, aber auch Kräfte für die Zukunft zu sammeln. Die Gewährung von Urlaub **beruht** letztlich **auf dem Fürsorgegedanken.** Der Arbeitgeber ist nicht nur verpflichtet, den Arbeitnehmer für die Urlaubszeit von jeglicher Arbeitspflicht zu befreien, sondern er muß ihm auch das Gehalt fortzahlen. Damit hat jeder Arbeitnehmer die Möglichkeit, ohne finanzielle Einbußen mehrere Wochen im Jahr der Arbeit fernzubleiben und diese Zeit zur Erholung zu nutzen.

Gesetzliche Grundlage des Urlaubsanspruchs ist das Bundesurlaubsgesetz, das allerdings wie die meisten arbeitsrechtlichen Gesetze nur Mindestregelungen enthält. Sie sind durch den Manteltarifvertrag für das private Versicherungsgewerbe zum Teil erweitert worden, vor allem, was die Urlaubsdauer betrifft.

Wenn von Urlaub gesprochen wird, so ist damit meistens der Erholungsurlaub gemeint. Tatsächlich wird aber dieser Begriff auch in anderem Sinne gebraucht und umfaßt damit verschiedene Arten der Freistellung. So gibt es **neben dem Erholungsurlaub** den **Sonderurlaub** oder außerordentlichen Urlaub. Unter diesen Begriff fallen solche Freistellungen von der Arbeit, die einem anderen Zweck als dem der Erholung dienen. Hier wird nicht immer eine Gehaltsfortzahlung stattfinden; vielmehr kommt es auf den Anlaß der Freistellung an. Nach der allgemeinen Regelung des § 63 HGB behält ein Angestellter dann seinen Entgeltanspruch, wenn er *„durch unverschuldetes Unglück an der Leistung der Dienste verhindert"* ist. Der Hauptfall dieses *„unverschuldeten Unglücks"* ist der einer Krankheit des Arbeitnehmers (im einzelnen siehe oben B. II. 1d(aa)). Dazu kann aber auch zum Beispiel zählen die Krankheit eines nahen Angehörigen, der der Pflege des Arbeitnehmers bedarf. Ergänzt wird die gesetzliche Regelung durch § 14 MTV, der dem Arbeitnehmer für bestimmte im einzelnen genannte Anlässe (zum Beispiel Erkrankung oder Todesfall in der Familie, eigene Hochzeit, Umzug) einen Freistellungsanspruch bei gleichzeitiger Entgeltfortzahlung gibt. Dieser kann jedoch drei Tage nicht überschreiten, während die allerdings von ihren Voraussetzungen her viel engere gesetzliche Bestimmung eine Freistellung bis zu sechs Wochen zuläßt.

Möglich ist auch, daß die Arbeitsvertragsparteien für einen bestimmten Zeitraum das **Ruhen des Arbeitsverhältnisses** vereinbaren, zum Beispiel weil der Arbeitnehmer eine längere Studienreise machen möchte. Während dieser Zeit ist der Arbeitnehmer nicht zur Arbeitsleistung, der Arbeitgeber nicht zur Gehaltszahlung verpflichtet.

Der **Erziehungsurlaub** wurde erst im Jahre 1986 neu eingeführt; er ersetzt die vorher geltende Regelung des Mutterschaftsurlaubs, kann aber im Gegensatz dazu nicht nur von Müttern, sondern auch von Vätern in Anspruch genommen werden. Er gibt der Mutter oder dem Vater des neugeborenen Kindes die Möglichkeit, nach Ablauf der achtwöchigen Schutzfrist (im einzelnen siehe unten C. IV) sich für 13 Monate von der Arbeit vollkommen freistellen zu lassen, d. h. bis zu dem Tage, an dem das Kind 15 Monate als wird. Ab 1.7.1990 wird dieser Zeitraum noch um 3 auf insgesamt 18 Monate verlängert. Der Erziehungsurlaub ist kein Erholungsurlaub. Vielmehr soll durch ihn der Mutter oder dem Vater die Möglichkeit gegeben werden, während der ersten Zeit nach der Geburt das Kind selbst zu betreuen. Während des Erziehungsurlaubs ruht das Arbeitsverhältnis, so daß das Gehalt nicht fortzuzahlen ist. Statt dessen erhält die Mutter oder der Vater bis zur Vollendung des 6. Lebensmonats des Kindes ein Erziehungsgeld von 600,– DM monatlich. Nach diesem Zeitpunkt wird an Arbeitnehmer, deren Einkommen bestimmte Grenzen übersteigt, ein geringeres oder gar kein Erziehungsgeld mehr gezahlt.

Einem besonderen Zweck dient schließlich der sogenannte **Bildungsurlaub**. Entsprechende Gesetze bestehen in sechs Bundesländern, nämlich Bremen, Hamburg, Berlin, Niedersachsen, Nordrhein-Westfalen und Hessen. Nur hier kann daher ein Anspruch auf Bildungsurlaub geltend gemacht werden. Die von den Arbeitnehmern nach diesen Gesetzen besuchten Veranstaltungen müssen von der zuständigen Behörde des jeweiligen Landes anerkannt sein. Sie dienen im wesentlichen der politischen Bildung und der beruflichen Weiterbildung. Nach den meisten dieser Gesetze hat der Arbeitnehmer Anspruch auf bezahlte Freistellung bis zu fünf Arbeitstagen im Kalenderjahr, wobei das Gehalt vom Arbeitgeber fortzuzahlen ist. Eine Anrechnung auf den Erholungsurlaub ist nicht möglich.

Der **Anspruch auf Erholungsurlaub** entsteht **jeweils für ein Kalenderjahr**, und zwar auch, wenn der Arbeitnehmer während dieses Jahres nacheinander bei mehreren Arbeitgebern beschäftigt ist. Hat er also bei einem früheren Arbeitgeber zu Anfang des Jahres bereits seinen vollen Urlaub genommen, so besteht gegenüber dem neuen Arbeitgeber kein Urlaubsanspruch mehr. Überhaupt entsteht ein Urlaubsanspruch erst, wenn der Arbeitnehmer sechs Monate dem Betrieb angehört hat, dann aber rückwirkend ab Beginn des Arbeitsverhältnisses. Bei Jugendlichen beträgt die Wartezeit nur 3 Monate.

Ein Arbeitnehmer, der nur während eines Teils des Jahres in einem Arbeitsverhältnis steht, erhält auch nur anteiligen Urlaub. Tritt er also zum Beispiel am 1. Oktober eine neue Stelle an (und hat nicht bereits bei einem früheren Arbeitgeber seinen vollen Urlaubsanspruch ausgeschöpft), so erhält er für die Zeit vom 1. Oktober bis 31. Dezember Anspruch auf ¼ des normalen Jahresurlaubs. Allerdings entsteht dieser Anspruch erst mit Ablauf des 31. März des Folgejahres, da ja zunächst sechs Monate Wartezeit zurückgelegt werden müssen. Scheidet nun aber ein solcher Arbeitnehmer bereits am 31. Dezember wieder aus dem Arbeitsverhältnis aus, so ist nicht etwa gar kein Urlaubsanspruch entstanden, sondern in derartigen Fällen kommt die Wartezeitregelung in Wegfall, und er erhält ¼ des vollen Urlaubsanspruchs.

Der Urlaubsanspruch ist an das Urlaubs- (Kalender-)jahr gebunden. Das bedeutet, daß er grundsätzlich mit Ablauf des Jahres erlischt, wenn er nicht genommen wurde. Nur **ausnahmsweise** ist eine völlige oder teilweise **Übertragung auf das nächste Jahr** möglich, wenn dies durch dringende betriebliche oder in der Person des Arbeitnehmers liegende Gründe gerechtfertigt ist. Ein solcher Fall kann zum Beispiel eintreten, wenn ein Arbeitnehmer sehr lange arbeitsunfähig krank ist und damit keine Möglichkeit hat, seinen Urlaub zu nehmen. Wird ein Urlaubsanspruch ausnahmsweise auf das nächste Jahr übertragen, so muß er bis spätestens 31. März des Folgejahres genommen werden. Danach erlischt grundsätzlich der Anspruch.

Das Bundesurlaubsgesetz enthält den Grundsatz, daß der Urlaub zusammenhängend genommen werden muß. Diese Bestimmung ist heute, wo je nach Tarifvertrag der Urlaubsanspruch fünf Wochen und mehr beträgt, kaum noch zu realisieren. Er wird daher in den allermeisten Fällen in zwei Teilen gegeben, wobei aber darauf geachtet werden muß, daß ein Urlaubsteil mindestens zwölf aufeinanderfolgende Werktage umfassen muß. Diese Vorschrift soll verhindern, daß der Urlaub in zu kurzen Zeitabschnitten genommen und dadurch der Urlaubszweck vereitelt wird.

Hat der Arbeitnehmer einen Urlaubsanspruch erworben, so kann er dennoch **nicht eigenmächtig Urlaub nehmen**; vielmehr bedarf es der konkreten Festsetzung durch den Arbeitgeber. Dieser muß allerdings, soweit es die betrieblichen Belange zulassen, auch persönliche Wünsche des Arbeitnehmers berücksichtigen. Daneben müssen aber die Urlaubswünsche anderer Arbeitnehmer ebenfalls beachtet werden. Der Arbeitgeber muß versuchen, zwischen den verschiedenen Interessen einen Ausgleich herbeizuführen.

Die **Dauer des Urlaubsanspruchs** nach Bundesurlaubsgesetz einerseits und Tarifvertrag andererseits klafft heute weit auseinander. Während das Bundesurlaubsgesetz eine Mindestdauer von 18 Werktagen vorschreibt, beträgt die Dauer nach dem Tarifvertrag 30 Arbeitstage. Im Gegensatz zur gesetzlichen Regelung wird hier auf Arbeitstage abgestellt und damit die Samstage und Sonntage nicht als Urlaubstage gezählt.

Erkrankt der Arbeitnehmer während des Urlaubs, so dürfen diese Tage nicht auf den Urlaub angerechnet werden, soweit sie durch ärztliches Zeugnis nachgewiesen sind. Der

Arbeitnehmer darf allerdings den Urlaub nicht um so viele Tage von sich aus verlängern, wie er krank war, sondern muß zum ursprünglich vorgesehenen Termin seinen Dienst wieder antreten. Für die verlorengegangenen Urlaubstage bedarf es sodann einer neuen Festsetzung.

Ein **„Abkaufen" des Urlaubs** ist grundsätzlich **verboten.** Das heißt, der Urlaubsanspruch muß in natura genommen werden. Einzige Ausnahme von diesem Grundsatz ist, daß das Arbeitsverhältnis beendet wird und es nicht mehr möglich ist, den Urlaub tatsächlich zu nehmen. Hauptanwendungsfall einer derartigen Urlaubsabgeltung sind fristlose Kündigungen. Bei einer ordentlichen, das heißt fristgerechten Kündigung wird in aller Regel der Urlaub zumindest teilweise noch in die Kündigungsfrist gelegt werden können. Während eines bestehenden Arbeitsverhältnisses dagegen ist es gänzlich ausgeschlossen, statt des Urlaubs dem Arbeitnehmer Geld zu zahlen, da sonst der Zweck des Urlaubs – nämlich Erholung von der Arbeit und für die Zukunft – vereitelt würde um eines kurzfristigen finanziellen Vorteils willen.

e) Betriebliche Altersversorgung

Unter betrieblicher Altersversorgung versteht man Leistungen der **Alters-, Invaliditäts- oder Hinterbliebenenversorgung** aus Anlaß eines Arbeitsverhältnisses. Die betriebliche Altersversorgung bildet neben der gesetzlichen Rentenversicherung und der privaten Vorsorge eine der drei Säulen der Altersversorgung der Arbeitnehmer. Ihr kommt nach der Rechtsprechung des Bundesarbeitsgerichts Arbeitsentgeltcharakter zu, weil sie dem Arbeitnehmer aus Anlaß des Arbeitsverhältnisses vom Arbeitgeber gewährt wird. Deshalb besteht bei ihrer Ausgestaltung ein inhaltlich begrenztes **Mitbestimmungsrecht** des Betriebsrates gemäß § 87 Abs. 1 Nr. 10 BetrVG (vgl. unten D. II). Daneben steht der Versorgungscharakter im Vordergrund. Die betriebliche Altersversorgung ist in der Bundesrepublik sehr verbreitet. Etwa 2/3 aller Arbeitnehmer können mit einer betrieblichen Altersversorgung rechnen. In der Versicherungswirtschaft ist dieser Anteil noch erheblich höher. Hier gibt es eine betriebliche Altersversorgung in irgendeiner Form praktisch bei jedem Unternehmen.

aa) Formen der betrieblichen Altersversorgung

Die betriebliche Altersversorgung gibt es in verschiedenen Formen. Am weitesten verbreitet ist das betriebliche Ruhegeld aufgrund einer **Zusage des Arbeitgebers.** In diesem Fall zahlt der Arbeitgeber ab Eintritt des Versorgungsfalls dem Arbeitnehmer aus seinen eigenen Mitteln, für die vom Unternehmen im allgemeinen Rückstellungen gemacht werden, eine Rente.

Bei der betrieblichen Altersversorgung in Form der **Direktversicherung** schließt der Arbeitgeber zugunsten des Arbeitnehmers einen Lebensversicherungsvertrag mit einem Unternehmen der privaten Lebensversicherung ab, wobei die Versicherungsprämien entweder vom Arbeitgeber allein oder unter Beteiligung des Arbeitnehmers gezahlt werden. Aus der Direktversicherung erhält der Arbeitnehmer im Versicherungsfall entweder eine Kapitalleistung oder eine laufende Rente.

Ein anderer Weg ist die betriebliche Altersversorgung über **Pensionskassen.** Diese sind rechtlich selbständige Einrichtungen, die für die Arbeitnehmer, die bei ihnen Mitglied sind, die betriebliche Altersversorgung durchführen. Die Leistungen der Pensionskassen werden vom Arbeitgeber, entweder allein oder mit Beteiligung der Arbeitnehmer, finanziert.

Von geringerer Bedeutung sind die betrieblichen **Unterstützungskassen**, ebenfalls rechtlich selbständige Einrichtungen, die jedoch im Gegensatz zu den Pensionskassen ihre Versorgungsleistungen den Arbeitnehmern ohne Rechtsanspruch gewähren. Eine Beteiligung der Arbeitnehmer durch eigene Beiträge gibt es bei Unterstützungskassen nicht.

In der Versicherungswirtschaft kommen alle oben angeführten Formen der betrieblichen Altersversorgung vor. Nicht selten werden von einem Unternehmen mehrere Versorgungsformen miteinander kombiniert.

bb) Gesetzliche Vorschriften für die Gestaltung der betrieblichen Altersversorgung

Der Arbeitgeber ist rechtlich nicht verpflichtet, eine betriebliche Altersversorgung einzuführen. Wenn er es aber tut, müssen dabei eine Reihe von gesetzlichen Vorschriften für die Ausgestaltung beachtet werden. Insoweit ist die Vertragsfreiheit, die im Grundsatz auch hinsichtlich der betrieblichen Altersversorgung gilt, durch das Gesetz eingeschränkt.

Aus dem Grundgesetz ergibt sich der **Gleichbehandlungsgrundsatz**, der, wie auch anderswo im Arbeitsrecht, bei der Ausgestaltung der betrieblichen Versorgungsregelung einzuhalten ist. Er schreibt vor, daß gleichgelagerte Fälle gleich zu behandeln sind. Insbesondere dürfen bei einer betrieblichen Versorgungsregelung Männer und Frauen nicht ohne sachlichen Grund unterschiedlich behandelt werden. Auch Arbeitnehmer, die vom Arbeitsverhältnis in den Vorruhestand überwechseln, erwerben wie andere vorzeitig ausscheidende Arbeitnehmer bei Vorliegen der sonstigen Voraussetzungen, die sie auch noch während des Vorruhestandes erfüllen können, eine zeitanteilige unverfallbare Anwartschaft. Viele Versicherungsunternehmen haben freiwillig zusätzliche Verbesserungen der Versorgungssituation für den Fall des Vorruhestandes eingeführt.

Darüber hinaus ist das **Gesetz zur Verbesserung der betrieblichen Altersversorgung (BetrAVG)** vom 19.12.1974 zu beachten, das u. a. folgende Regelungen enthält:

Unter bestimmten Voraussetzungen in Bezug auf Lebensalter, Betriebszugehörigkeit und zeitlichen Bestand der Versorgungszusage schreibt das Gesetz die **Unverfallbarkeit** der Anwartschaft auf betriebliche Altersversorgung bei Ausscheiden des Arbeitnehmers aus seinem Unternehmen vor. Die Höhe dieser unverfallbaren Anwartschaft richtet sich nach dem Verhältnis der im Unternehmen verbrachten Zeitspanne zu dem Gesamtzeitraum vom Beginn des Arbeitsverhältnisses bis zum Erreichen der Altersgrenze. Die Unverfallbarkeit kann vertraglich nicht abbedungen werden.

Durch das **Auszehrungsverbot** nach § 5 BetrAVG ist gewährleistet, daß die ursprünglich zugesagte Versorgung nicht durch Anrechnung anderer Versorgungsbezüge, die sich nachträglich erhöhen, gemindert wird oder ganz wegfällt. Außerdem dürfen andere Versorgungsbezüge auf die Leistungen aus der betrieblichen Alterversorgung nur angerechnet werden, wenn sie mindestens zur Hälfte vom Arbeitgeber finanziert sind.

Das Gesetz verpflichtet den Arbeitgeber, einem Arbeitnehmer, der von der Möglichkeit der flexiblen Altersrente in der gesetzlichen Rentenversicherung Gebrauch macht, auch die betrieblichen Versorgungsleistungen bereits **vorzeitig zu gewähren**. Der Arbeitnehmer hat jedoch nicht Anspruch auf gleich hohe Versorgungsleistungen, wie sie ihm bei Erreichen der normalen Altersgrenze zustehen würden. Vielmehr sind Abschläge gegenüber der vollen Rente zulässig und im Interesse einer gerechten Behandlung geboten. Am sachgerechtesten sind sogenannte ***versicherungsmathematische Abschläge***. Solange der Arbeitgeber seine Regelung nicht entsprechend ergänzt hat, darf er nach der Rechtsprechung des BAG die vorgezogene Rente nur zeitanteilig gegenüber der Vollrente kürzen.

Um die Arbeitnehmer vor dem Verlust ihrer betrieblichen Altersversorgung im Falle der Zahlungsunfähigkeit ihres Unternehmens zu schützen, hat das Gesetz die **Insolvenzsicherungspflicht** eingeführt. Sie sieht vor, daß die Arbeitgeber Beiträge an den **Pensionssicherungsverein**, einen Versicherungsverein auf Gegenseitigkeit mit Sitz in Köln, abführen. Dieser tritt bei Zahlungsunfähigkeit des Arbeitgebers für die Ansprüche der Arbeitnehmer auf Leistungen der betrieblichen Altersversorgung ein.

Der Arbeitgeber ist verpflichtet, laufende Leistungen aus der betrieblichen Altersversorgung alle drei Jahre nach billigem Ermessen an die laufende Entwicklung anzupassen. Seit Inkrafttreten des BetrAVG hat das Bundesarbeitsgericht in verschiedenen Grundsatzentscheidungen diese **Anpassungspflicht** näher konkretisiert. Maßstab für die Anpassung soll danach die Entwicklung der Lebenshaltungskosten sein, wobei das BAG für die erste Anpassung im Jahre 1975 eine Anpassung um die Hälfte der Lebenshaltungskostensteigerung genügen ließ, dies jedoch ab der zweiten Anpassung nicht mehr als ausreichend ansah. Auch hat das BAG entschieden, daß die betrieblichen Versorgungsleistungen für sich allein zu betrachten sind und nicht zusammen mit den Leistungen der gesetzlichen Rentenversicherung. Die Anpassung durch den Arbeitgeber findet aber ihre Grenze in der durchschnittlichen Steigerung der Nettoentgelte der aktiven Arbeitnehmer.

Nicht der Anpassungspflicht unterliegen Kapitalleistungen aus einer Direktversicherung, da es sich bei ihnen nicht um laufende Leistungen im Sinne des Gesetzes handelt.

Durch die Regelungen des BetrAVG hat sich die betriebliche Altersversorgung für die Arbeitgeber **erheblich verteuert**. Aus diesem Grunde werden schon seit Jahren Versorgungsregelungen nicht mehr ausgebaut oder gar neu eingeführt. Im Gegenteil hat die durch das Gesetz bedingte Verteuerung dazu geführt, daß die finanzielle Ausstattung bestehender Versorgungsordnungen reduziert wurde, um die Belastung für die Unternehmen in Grenzen zu halten.

1. Beendigungsgründe

Das Arbeitsverhältnis ist im Normalfall ein Dauerschuldverhältnis mit der Besonderheit eines stark personenrechtlichen Einschlags. Es findet also in aller Regel sein Ende nicht wie zum Beispiel beim Kaufvertrag durch einmaligen Austausch der Leistungen; sondern wegen seiner Bedeutung für die Existenz des Arbeitnehmers bestehen im Hinblick auf die Beendigung des Arbeitsverhältnisses im Vergleich zu anderen Dauerschuldverhältnissen einige Besonderheiten, die hier in ihren Grundzügen dargestellt werden sollen.

a) Kündigung

Sie ist eine einseitige Willenserklärung, die auf die künftige Aufhebung des Arbeitsverhältnisses gerichtet ist. Die Kündigung ist der wichtigste Tatbestand, der zur Beendigung eines Arbeitsverhältnisses führen kann; im einzelnen soll sie unten unter B. III. 2 erörtert werden.

b) Einvernehmliche Aufhebung

Im Wege vertraglicher Vereinbarung kann das Arbeitsverhältnis jederzeit und zu jedem Zeitpunkt beendet werden, ohne daß die sonst einzuhaltenden Kündigungsfristen beachtet werden müßten. Dies ergibt sich aus dem Grundsatz der Vertragsfreiheit, der auch – wenn auch mit Einschränkungen – im Arbeitsrecht herrscht.

Eine besondere Form der einvernehmlichen Beendigung des Arbeitsverhältnisses ist der Eintritt älterer Arbeitnehmer in den **Vorruhestand.** Die Grundlage dafür wurde durch das am 1.5.1984 in Kraft getretene Vorruhestandsgesetz sowie im Bereich der Versicherungswirtschaft durch zwei tarifliche Vereinbarungen (Innendienst und sogenannter organisierender Außendienst) geschaffen, deren Geltungsdauer allerdings bis 31.12.1988 begrenzt waren. Die letzte Möglichkeit für den Beginn eines Vorruhestandsverhältnisses bestand am 1.1.1989. Dagegen konnten Mitarbeiter, die erst nach dem 31.12.1988 die Voraussetzungen für den Eintritt in den Vorruhestand erfüllten, ihn wegen Ablaufs sowohl der gesetzlichen wie auch der tarifvertraglichen Vorschriften nicht mehr in Anspruch nehmen.

Statt dessen besteht aber ab 1.1.1989 die Möglichkeit eines gleitenden Übergangs älterer Arbeitnehmer in den Ruhestand nach dem **Altersteilzeitgesetz.** Danach können Arbeitnehmer, die mindestens 58 Jahre alt sind, mit dem Arbeitgeber eine Vereinbarung treffen, wonach sie nur noch eine Teilzeittätigkeit ausüben. Voraussetzung ist, daß der Mitarbeiter mindestens die Hälfte der tariflichen Arbeitszeit arbeitet. Das der Teilzeitarbeit entsprechende Gehalt wird sodann um 20 % aufgestockt. Das Altersteilzeitgesetz gilt nur befristet, und zwar bis 31.12.1992.

c) Befristung

Teilweise werden Arbeitsverhältnisse für eine bestimmte Zeit eingegangen oder zur Erreichung eines bestimmten Zwecks abgeschlossen. Sie enden dann mit Ablauf der Zeit, die von vornherein festgelegt wurde, oder mit dem von den Arbeitsvertragsparteien angestrebten Zweck, zum Beispiel Beschäftigung einer Aushilfskraft für die gesamte Urlaubszeit oder zur Vertretung eines auf längere Zeit erkrankten Mitarbeiters (im einzelnen siehe oben B. I. 3). Derartige Arbeitsverhältnisse enden automatisch, ohne daß es noch einer Erklärung einer der Vertragsparteien bedürfte.

d) Tod des Arbeitnehmers

Wegen des stark personenrechtlichen Charakters des Arbeitsverhältnisses und der normalerweise bestehenden Verpflichtung des Arbeitnehmers, seine Dienste persönlich zu erbringen, endet das Arbeitsverhältnis mit seinem Tode. – Der Tod des Arbeitgebers führt dagegen normalerweise nicht bereits zur Beendigung des Arbeitsverhältnisses, es sei denn, daß es sehr eng auf dessen Person ausgerichtet war, zum Beispiel bei Beschäftigung einer Krankenpflegerin.

2. Kündigung

Sie wird von einer Partei des Arbeitsverhältnisses gegenüber der anderen erklärt, in aller Regel mit dem Zweck, innerhalb einer bestimmten Frist das Arbeitsverhältnis zu beenden. Die **Kündigungserklärung muß eindeutig sein;** wenn auch der Ausdruck „Kündigung" nicht unbedingt gebraucht werden muß, so muß doch der Wille, das Arbeitsverhältnis zu beenden, zweifelsfrei erkennbar sein. Besondere Formvorschriften gelten für die Kündigung normalerweise nicht, so daß sie ohne weiteres auch mündlich ausgesprochen werden kann (Ausnahme: Kündigung eines Berufsausbildungsverhältnisses). Sehr häufig werden aber Kündigungen schriftlich ausgesprochen; dies geschieht vor allem aus Beweissicherungsgründen, denn der Kündigende ist dafür beweispflichtig, daß die Kündigung rechtzeitig ausgesprochen und dem Kündigungsgegner innerhalb der Frist auch zugegangen ist (im einzelnen siehe unten B. III. 2a). Es kann aber auch im Arbeitsvertrag vereinbart sein, daß eine etwaige Kündigung schriftlich ausgesprochen werden muß. Nichteinhaltung der Schriftform führt dann im Zweifel zur Unwirksamkeit der Kündigung. – Die Angabe des Kündigungsgrundes ist nicht erforderlich. Ausnahme auch hier: die fristlose Kündigung eines Berufsausbildungsverhältnisses. Bei der außerordentlichen Kündigung eines regulären Arbeitsverhältnisses sind auf Verlangen des Kündigungsgegners diesem die Gründe unverzüglich mitzuteilen. – Vor dem Ausspruch jeder Kündigung muß der Betriebsrat gehört werden, sonst ist die Kündigung nichtig (im einzelnen siehe D. II. 8d).

Hauptformen der Kündigung sind die ordentliche, die außerordentliche, normalerweise fristlose, und die Änderungskündigung.

a) Ordentliche Kündigung

Sie bedeutet **Beendigung des Arbeitsverhältnisses unter Einhaltung einer bestimmten Auslauffrist**, die dem Kündigungsgegner Gelegenheit geben soll, einen neuen Arbeitsplatz bzw. einen anderen Arbeitnehmer zu suchen.

Die **Kündigungsfrist von Angestellten** beträgt normalerweise **sechs Wochen zum Quartalsende.** Während der Probezeit kann aber durch entsprechende Vereinbarung die Frist auch auf einen Monat zum Monatsende verkürzt werden. Bei Aushilfsarbeitsverhältnissen bis zu drei Monaten kann diese Frist im Wege einzelvertraglicher Vereinbarung sogar noch unterschritten werden. Die gesetzlichen Kündigungsfristen für gewerbliche Arbeitnehmer sind kürzer; dies gilt jedoch nicht für die in der privaten Versicherungswirtschaft beschäftigten. Für sie gelten – soweit sie unter den persönlichen Geltungsbereich des Manteltarifvertrages fallen – die gleichen Kündigungsfristen wie für die Angestellten.

Hat ein Arbeitsverhältnis mindestens fünf Jahre bestanden (die Beschäftigung vor Vollendung des 25. Lebensjahres wird hierbei nicht berücksichtigt), kann der Arbeitgeber nur mehr mit längeren Fristen kündigen, und zwar mit mindestens drei Monaten zum Quartalsende, wobei die Kündigungsfristen mit zunehmender Betriebszugehörigkeit immer länger werden. Die längste Kündigungsfrist gilt bei einer Betriebszugehörigkeit von mindestens zwölf Jahren mit sechs Monaten, gleichfalls zum Quartalsende.

b) Außerordentliche Kündigung

Sie ist normalerweise eine fristlos ausgesprochene Kündigung, das heißt, sie wird bereits in dem Moment wirksam, wo sie dem Gekündigten zugeht. Ausnahmsweise kann aber auch hier unter Einhaltung einer Frist gekündigt werden; nur muß deutlich zum Ausdruck gebracht werden, daß es sich um eine außerordentliche Kündigung handelt.

Da die fristlose Kündigung für den Arbeitnehmer eine sehr einschneidende Maßnahme darstellt, ist sie nur zulässig, wenn dafür ein **wichtiger Grund vorliegt.** Dem Arbeitgeber muß die Fortsetzung des Arbeitsverhältnisses bis zum Ende der ordentlichen Kündigungsfrist unzumutbar sein. Dafür, was unzumutbar ist, sind die Umstände des Einzelfalles maßgeblich. Selbstverständlich hat auch der Arbeitnehmer die Möglichkeit, eine fristlose Kündigung auszusprechen. Für die Praxis bedeutsam ist aber nur die arbeitgeberseitige Kündigung. – Die Gründe für den Ausspruch einer fristlosen Kündigung sind nicht sehr zahlreich; es muß sich schon um eine gravierende Verfehlung handeln, die das Arbeitsverhältnis nachhaltig beeinflußt, wie zum Beispiel strafbare Handlungen gegenüber Arbeitgeber oder Arbeitskollegen, eigenmächtiger Urlaubsantritt.

Die Kündigung muß innerhalb von zwei Wochen ausgesprochen werden, nachdem der zur Kündigung Berechtigte von dem Kündigungsgrund erfahren hat. Diese kurze Frist besteht im Interesse der Rechtssicherheit. Es sollen möglichst bald nach einer schweren arbeitsvertraglichen Verfehlung klare Verhältnisse geschaffen werden.

c) **Änderungskündigung**

Zwar kann im Rahmen seiner Weisungsbefugnis der Arbeitgeber in gewissem Umfang die vom Arbeitnehmer zu verrichtende Tätigkeit modifizieren, zum Beispiel ihm bestimmte Sachgebiete neu zuteilen oder entziehen. Er kann aber nicht einseitig die **arbeitsvertraglichen Beziehungen grundlegend umgestalten**, zum Beispiel eine Mitarbeiterin von einem Sachbearbeiterposten auf einen reinen Schreibarbeitsplatz versetzen. Hier bedarf es einer Vereinbarung der Arbeitsvertragsparteien, die entweder auf freiwilliger Basis zustande kommen kann oder die der Arbeitgeber durch eine von ihm ausgesprochene Änderungskündigung herbeiführen kann. Dabei wird das Angebot zum Abschluß eines neuen Arbeitsvertrages mit der Kündigung des alten verbunden. Technisch wird so verfahren, daß entweder eine Kündigung ausgesprochen wird, die mit einem Angebot zum Abschluß eines neuen Arbeitsvertrages gekoppelt ist, oder es wird eine Kündigung unter der Bedingung ausgesprochen, daß der Arbeitnehmer eine gleichzeitig vorgeschlagene Vertragsänderung nicht akzeptiert. – In jedem Fall ist die Änderungskündigung eine **echte Kündigung** und **unterliegt dem Kündigungsschutzgesetz.**

3. Kündigungsbeschränkungen

Nicht jedes Arbeitsverhältnis kann ohne weiteres gekündigt werden. Zahlreiche Gruppen von Arbeitnehmern genießen einen besonderen Kündigungsschutz, von denen hier nur die wichtigsten genannt seien. So bedarf die **Kündigung eines Schwerbehinderten** der Zustimmung der Hauptfürsorgestelle (im einzelnen siehe unten C. V.). **Werdenden Müttern** darf nicht gekündigt werden, ebensowenig wie **jungen Müttern** bis zum Ablauf von vier Monaten nach der Entbindung. Auch während des Erziehungsurlaubs darf nicht gekündigt werden (im einzelnen siehe unten C. IV). Auch das Arbeitsverhältnis von **Wehrdienstleistenden** darf ab der Zustellung des Einberufungsbescheids nicht mehr gekündigt werden (im einzelnen siehe unten C. VI). Schließlich genießen auch **Mitglieder des Betriebsrats**, der Jugendvertretung, des Wahlvorstands sowie Wahlbewerber einen besonderen Kündigungsschutz. Ihr Arbeitsverhältnis kann nur aus wichtigem Grunde gekündigt werden (im einzelnen siehe unten D. II. 8d).

4. Kündigungsschutzgesetz – Regelungsinhalt

In diesem Gesetz sind die Voraussetzungen geregelt, unter denen die Kündigung eines Arbeitnehmers durch den Arbeitgeber möglich ist. Nicht unter das Kündigungsschutzgesetz fallen Kleinbetriebe mit regelmäßig fünf oder weniger Arbeitnehmern ausschließlich der Auszubildenden. Ferner werden nach diesem Gesetz nicht solche Arbeitnehmer geschützt, deren Arbeitsverhältnis noch nicht länger als sechs Monate ununterbrochen in demselben Betrieb oder Unternehmen besteht. Dieser Zeitraum soll dem Arbeitgeber zur Verfügung stehen, um sich darüber schlüssig zu werden, ob der Arbeitnehmer für die vorgesehene Tätigkeit geeignet ist oder nicht. Das Kündigungsschutzgesetz findet mithin keine Anwendung, wenn der Arbeitgeber vor Ablauf der sechs Monate das Arbeitsverhältnis kündigt, auch wenn dies am letzten Tag geschieht. Das Kündigungsschutzgesetz erklärt solche **Kündigungen für unwirksam, die sozial ungerechtfertigt sind** und definiert als sozial ungerechtfertigt Kündigungen, die nicht durch Gründe in der Person oder im Verhalten des Arbeitnehmers oder durch dringende betriebliche Erfordernisse bedingt sind.

a) Personenbedingte Kündigung

Personenbedingte Kündigungsgründe sind solche, die auf den persönlichen Eigenschaften des Arbeitnehmers beruhen. Hierzu zählt vor allem körperliche oder geistige Ungeeignetheit für den Arbeitsplatz, den der Betreffende innehat. Stets ist eine **sorgfältige Abwägung der beiderseitigen Interessen** vorzunehmen. Eine personenbedingte Kündigung ist also nur möglich, wenn die betrieblichen Bedürfnisse tatsächlich so intensiv sind, daß sie die Kündigung rechtfertigen. Die Kündigung des Arbeitsverhältnisses darf immer nur ultima ratio sein. Ist also ein Arbeitnehmer zum Beispiel infolge höheren Alters nicht mehr so leistungsfähig, muß zunächst versucht werden, ihn auf einen Arbeitsplatz mit leichteren Arbeiten umzusetzen, falls ein solcher vorhanden ist.

b) Verhaltensbedingte Kündigung

Eine Kündigung kann auch dann sozial gerechtfertigt sein, wenn sie ihren Grund im **Verhalten des Arbeitnehmers** hat. Hierzu zählen Vertragsverletzungen der verschiedensten Art, zum Beispiel schlechte Leistungen, Störungen des Betriebsfriedens, Fehlverhalten gegenüber Arbeitgeber und Arbeitskollegen. Um dem Arbeitnehmer sein vertragswidriges Verhalten bewußt zu machen, wird jedenfalls bei Schlechtleistungen im allgemeinen **vor Ausspruch der Kündigung** eine sogenannte **Abmahnung** erfolgen müssen; das heißt, der Arbeitnehmer muß darauf aufmerksam gemacht werden, daß es arbeitsrechtliche Konsequenzen haben wird, wenn er das mißbilligte Verhalten fortsetzt. Auch hier müssen die beiderseitigen Interessen sorgfältig gegeneinander abgewogen werden. Es darf also zum Beispiel ein einmaliges Fehlverhalten, wenn es nicht wirklich gravierend ist, nicht gleich zum Anlaß für eine Kündigung genommen werden.

c) Dringende betriebliche Erfordernisse

Auch **dringende betriebliche Erfordernisse** können die Kündigung eines Arbeitnehmers rechtfertigen. Diese können verschiedene Ursachen haben, zum Beispiel Arbeitsmangel, Zentralisierungsmaßnahmen innerhalb des Unternehmens, die zur Schließung oder Verkleinerung einzelner Betriebe oder Abteilungen führen, Rationalisierungsmaßnahmen im Betrieb. Ob und wie derartige Maßnahmen durchgeführt werden, ist allein eine unternehmerische Entscheidung, die vom Gericht in einem etwaigen Kündigungsprozeß nicht auf ihre Zweckmäßigkeit hin überprüft werden kann. Die in diesem Zusammenhang vom Arbeitgeber ausgesprochenen Kündigungen sind allerdings vom Gericht nachprüfbar, nämlich ob sie dringend erforderlich waren. Das heißt, daß der Arbeitgeber genau prüfen muß, ob wirklich Kündigungen notwendig sind, um den wirtschaftlichen Schwierigkeiten zu begegnen oder vorzubeugen. – Aber selbst, wenn dringende betriebliche Gründe vorliegen, die eine oder mehrere Kündigungen erforderlich machen, können diese im Einzelfall sozial ungerechtfertigt sein, wenn der Arbeitgeber die Auswahl der zu kündigenden Arbeitnehmer nicht nach sozialen Gesichtspunkten getroffen hat. Das bedeutet die Verpflichtung des Arbeitgebers, von mehreren für eine Kündigung in Frage kommenden

Arbeitnehmern denjenigen auszuwählen, den die Kündigung am wenigsten hart treffen würde. Hier können die verschiedensten Umstände eine Rolle spielen, zum Beispiel Lebensalter, Betriebszugehörigkeit, Familienstand, Unterhaltsverpflichtungen. Es wird also eher einem unverheirateten jungen Arbeitnehmer, der erst einige Jahre im Betrieb ist, gekündigt werden müssen als einem älteren Arbeitnehmer, der Unterhaltspflichten gegenüber Frau und Kindern hat. Allerdings brauchen bei dieser Auswahl die betrieblichen Belange nicht völlig außer acht zu bleiben. Vielmehr sind soziale und betriebliche Interessen gegeneinander abzuwägen, was im Einzelfall dazu führen kann, daß einem an sich sozial weniger schutzbedürftigen Arbeitnehmer deshalb nicht gekündigt wird, weil er für den Betrieb wichtige Spezialkenntnisse hat, über die die anderen in die Auswahl einbezogenen Arbeitnehmer nicht verfügen.

Für den Bereich der privaten Versicherungswirtschaft ist in diesem Zusammenhang außerdem das Rationalisierungsschutzabkommen vom 16.4.1983 zu beachten. Es erlegt dem Arbeitgeber ganz bestimmte Pflichten auf, die dieser im Zusammenhang mit der Durchführung von Rationalisierungsmaßnahmen beachten muß. So wird z. B. hier eine bestimmte Reihenfolge festgelegt, in der der Arbeitgeber einem Arbeitnehmer, dessen Arbeitsplatz aus Rationalisierungsgründen weggefallen ist, einen neuen Arbeitsplatz – soweit vorhanden – im bisherigen Betrieb aber auch im Unternehmen anzubieten hat. Geschieht dies und ist auf dem neuen Arbeitsplatz eine Einarbeitung oder Umschulung notwendig, so wird hierauf ein Anspruch des Arbeitnehmers tariflich festgelegt.

d) Kündigungsschutzverfahren

Ist ein gekündigter Arbeitnehmer der Meinung, die Kündigung sei sozial ungerechtfertigt, so muß er dies innerhalb von **drei Wochen nach Zugang der Kündigung** durch Erhebung einer **Kündigungsschutzklage** beim Arbeitsgericht geltend machen. Die kurze Klagefrist dient der Rechtssicherheit. Der Arbeitgeber soll wissen, ob die Kündigung Bestand hat oder nicht. Ist nämlich innerhalb der 3-Wochen-Frist keine Klage eingereicht worden, so kann dies jedenfalls in aller Regel nicht mehr nachgeholt werden; die Kündigung gilt dann als sozial gerechtfertigt und ist rechtswirksam.

Im Kündigungsschutzprozeß muß der Arbeitgeber die Gründe vortragen und beweisen, die die Kündigung tragen. Der Arbeitnehmer dagegen ist beweispflichtig für seine Behauptung, der Arbeitgeber habe bei seiner Auswahl soziale Gesichtspunkte nicht oder nicht genügend beachtet. – Beendet wird das Verfahren durch Urteil, das entweder der Kündigungsschutzklage stattgibt oder sie abweist. Gibt das Gericht ihr statt, weil es die Kündigung für sozialwidrig hält, so wird im Urteil festgestellt, daß das Arbeitsverhältnis durch die Kündigung nicht aufgelöst ist; es ist dann fortzusetzen. – Weist dagegen das Gericht die Klage ab, weil es die Kündigung für sozial gerechtfertigt hält, so wird damit festgestellt, daß die Kündigung das Arbeitsverhältnis aufgelöst hat.

5. Nachwirkungen des Arbeitsverhältnisses

Mit Beendigung des Arbeitsverhältnisses erlöschen die Hauptpflichten der Arbeitsvertragsparteien; es gibt aber noch gewisse nachwirkende Pflichten, die ihren Grund in der besonderen personenrechtlichen Beziehung der Parteien haben. So ist der Arbeitgeber verpflichtet, dem Arbeitnehmer seine **Arbeitspapiere auszuhändigen**, während der Arbeitnehmer ihm etwa zur Verfügung gestellte Arbeitsmittel zurückgeben muß.

Eine weitere wichtige Pflicht des Arbeitgebers ist es, dem Arbeitnehmer ein **Zeugnis** auszustellen, wenn dieser es wünscht. Dabei hat der Arbeitnehmer die **Wahl zwischen einem einfachen und einem qualifizierten Zeugnis.** Während das einfache Zeugnis alle Angaben über die Art der Beschäftigung und die Dauer des Arbeitsverhältnisses enthalten muß, erstreckt sich das qualifizierte Zeugnis außerdem auch auf Leistung und Führung des Arbeitnehmers. Über den Wortlaut des Zeugnisses entscheidet der Arbeitgeber. Dabei hat er zu beachten, daß das Zeugnis dem Arbeitnehmer als Unterlage für spätere Bewerbungen dient; es soll daher wohlwollend sein. Andererseits soll es einen Dritten, der die Einstellung des Arbeitnehmers erwägt, wahrheitsgemäß unterrichten. Bescheinigt zum Beispiel der Arbeitgeber einem ausscheidenden Arbeitnehmer Ehrlichkeit, obwohl dieser bei ihm Betrügereien begangen hat, und wird er später aufgrund dieses Zeugnisses bei einem anderen Arbeitgeber eingestellt, wo er wiederum Betrügereien begeht, so kann der zweite Arbeitgeber von demjenigen, der das unrichtige Zeugnis ausgestellt hat, Schadensersatz verlangen. Deshalb muß bei allem verständlichen Wohlwollen für den Arbeitnehmer das Zeugnis auch nachteilige Angaben enthalten, wenn diese auf Tatsachen beruhen und für das Arbeitsverhältnis relevant sind.

Über die Erteilung eines Zeugnisses hinaus ist aufgrund seiner Fürsorgepflicht der Arbeitgeber verpflichtet, auch über einen bei ihm schon ausgeschiedenen Arbeitnehmer Auskünfte zu erteilen. Für deren Inhalt gilt das gleiche wie für den Inhalt eines Zeugnisses. Erfährt der Arbeitnehmer von einer über ihn erteilten Auskunft und wünscht von seinem früheren Arbeitgeber deren Inhalt zu erfahren, so ist in aller Regel der Arbeitgeber verpflichtet, ihm diesen bekanntzugeben.

C. Arbeitnehmerschutzrecht

Das Arbeitnehmerschutzrecht umfaßt die Gesamtheit der Normen, durch die dem Arbeitgeber öffentlich-rechtliche Pflichten auferlegt werden, um von der Arbeit ausgehende **Gefahren** für den Arbeitnehmer zu **beseitigen** oder zu **vermindern.** Man unterscheidet dem Inhalt nach zwischen Betriebs- oder Gefahrenschutz, Arbeitszeitschutz und Arbeitsvertragsschutz, und dem persönlichen Geltungsbereich nach zwischen dem allgemeinen, also für alle Arbeitnehmer schlechthin geltenden Arbeitsschutz, und dem besonderen Arbeitsschutz, der nur für bestimmte Gruppen von Arbeitnehmern, nur für Frauen oder nur für Jugendliche gilt. Das Arbeitnehmerschutzrecht ist grundsätzlich **öffentliches Recht.** Der Arbeitgeber ist also dem Staat gegenüber zur Einhaltung der Arbeitsschutzbestimmungen verpflichtet. Durch staatliche Aufsichtsorgane, insbesondere die Gewerbeaufsicht, wird ihre Einhaltung überwacht. Neben der staatlichen Aufsicht steht die der Berufsgenossenschaften als Träger der gesetzlichen Unfallversicherung. Der Arbeitsvertragsschutz ist teilweise dem Privatrecht zuzurechnen.

Das Arbeitnehmerschutzrecht ist in einer Vielzahl unterschiedlicher Gesetze geregelt, die nach und nach entsprechend den Bedürfnissen des Arbeitslebens geschaffen wurden. Bestrebungen, das Arbeitsschutzrecht zusammenzufassen, führten bisher nicht zum Erfolg. In der Regierungserklärung vom November 1980 wurde ein Gesetzesentwurf der damaligen Bundesregierung für ein **Arbeitsschutzgesetz** angekündigt. Die Vorbereitungen dazu sind aber über erste Vorstellungen des Bundesarbeitsministeriums, die 1981 bekannt wurden, nicht hinausgekommen. Die derzeitige Bundesregierung verfolgt das Projekt nicht weiter.

I. Gesundheits- und Gefahrenschutz

Wegen der Verschiedenheit der Arbeit und der von ihr ausgehenden Gefahren in den einzelnen Betrieben und Gewerbezweigen hat der Gesetzgeber selbst nur Rahmenvorschriften für den Gesundheits- und Gefahrenschutz erlassen. Diese werden im Einzelfall durch Rechtsverordnungen oder durch Anordnungen der Verwaltungsbehörden ausgefüllt und konkretisiert.

Für bestimmte **technische Anlagen**, von denen besondere Gefahren ausgehen, ist in der Gewerbeordnung (§ 24) die Überwachung durch staatliche Überwachungsämter bzw. technische Überwachungsvereine (TÜV) vorgeschrieben.

Der Arbeitgeber, der für Arbeitsschutz und Unfallverhütung verantwortlich ist, hat aufgrund des Gesetzes über Betriebsärzte, Sicherheitsingenieure und andere Fachkräfte für Arbeitssicherheit (**Arbeitssicherheitsgesetz**) Betriebsärzte und Fachkräfte für Arbeitssicherheit zu bestellen. Diese sollen ihn sachverständig beim Arbeitsschutz und der Unfallverhütung unterstützen. In Versicherungsbetrieben müssen wegen der verhältnismäßig geringen Gefährdung der Arbeitnehmer **Betriebsärzte** und **Sicherheitsfachkräfte** nur in Betrieben ab 300 Beschäftigten bestellt werden.

Etwas anders geartete Aufgaben hat der **Sicherheitsbeauftragte**, den der Arbeitgeber grundsätzlich in allen Unternehmen mit mehr als 20 Beschäftigten zu bestellen hat. Er unterstützt den Unternehmer bei der Durchführung des Unfallschutzes und hat sich insbesondere von dem Vorhandensein und der Benutzung der vorgeschriebenen Sicherheitsvorkehrungen zu überzeugen.

Besondere Bestimmungen über Gefahren- und Gesundheitsschutz für gewerbliche Arbeitnehmer finden sich in den Bestimmungen der **Gewerbeordnung**. Die aufgrund der Gewerbeordnung erlassene **Arbeitsstättenverordnung** vom 20.3.1975 enthält eine ausführliche Regelung über die Beschaffenheit der Arbeitsplätze in Gewerbebetrieben, ihre Lüftung, Beleuchtung und Raumtemperatur, sowie der Verkehrswege.

Die Arbeitnehmer haben die Arbeitnehmerschutzvorschriften, insbesondere die Unfallverhütungsvorschriften, zu beachten. Verstößt ein Arbeitnehmer nachhaltig gegen den Arbeitsschutz, so kann seine ordentliche Kündigung, unter Umständen sogar seine außerordentliche Kündigung berechtigt sein. Auch kann er sich schadensersatzpflichtig gegenüber dem Arbeitgeber machen. In einigen Fällen drohen dem Arbeitnehmer bei Verletzung der Arbeitsschutzbestimmungen sogar Bußgeld oder Bestrafung.

Die **Personalvertretungen** (Betriebs- und Personalräte) haben die Einhaltung der arbeitsschutzrechtlichen Vorschriften zu überwachen und die für den Arbeitsschutz zuständigen Stellen zu unterstützen (vgl. unten D. II. 7).

II. Arbeitszeitrecht

Arbeitszeit ist die Zeit, während der der Arbeitnehmer sich zur Erfüllung der vertraglichen Verpflichtungen dem Arbeitgeber zur Verfügung halten muß. Es ist die Zeit vom Beginn bis zum Ende der Arbeit ohne die Ruhepausen.

In der **Arbeitszeitordnung** (AZO) ist gesetzlich geregelt, für welche Zeiträume die Beschäftigung von Arbeitnehmern im Höchstfall zulässig ist. Überschreitungen dieser Höchstgrenzen sind mit Ordnungsgeld und Strafe bedroht (§ 25 AZO).

Die Grundvorschrift der AZO ist § 3, wonach die regelmäßige werktägliche Arbeitszeit die Dauer von acht Stunden nicht überschreiten darf. Allerdings ist es zulässig, in einem bestimmten Rahmen die Arbeitszeit anders zu verteilen, so daß sie an einzelnen Tagen weniger, an anderen dafür mehr als acht Stunden beträgt. Dabei darf aber die Grenze von durchschnittlich 48 Stunden pro Woche (acht Stunden an sechs Werktagen einschließlich samstags) innerhalb bestimmter Zeiträume nicht überschritten werden. Auch darf die Arbeitszeit pro Tag nicht mehr als zehn Stunden betragen.

Über die Grenze von 48 Wochenstunden hinaus ist eine Verlängerung der Arbeitszeit nur an 30 Tagen im Jahr auf maximal zehn Stunden zulässig. Darüber hinaus sind Verlängerungen der Arbeitszeit nur in einigen besonders geregelten Ausnahmefällen möglich.

Die AZO bestimmt darüber hinaus – für Männer und Frauen unterschiedlich – Mindestzeiten für Ruhepausen und für die Ruhezeiten (Zeiträume zwischen dem Ende der Arbeitszeit und ihrem Wiederbeginn am nächsten Tag). Weitere Sonderregelungen hierzu enthalten das Mutterschutzgesetz und das Jugendarbeitsschutzgesetz (vgl. unten C. III, IV).

Die Grenze der AZO von 48 Wochenstunden für die zulässige Arbeitszeit gilt auch heute noch. Daher ist eine Verlängerung der Arbeitszeit von Arbeitnehmern bis zu 48 Wochenstunden ohne Verstoß gegen gesetzliche Bestimmungen jederzeit zulässig (BAG vom 28.7.1981). In der betrieblichen Praxis spielt die 48-Stunden-Grenze der AZO allerdings nur noch eine geringe Rolle, da heute in den meisten Tarifverträgen eine Arbeitszeit von **40 oder weniger Stunden** wöchentlich vereinbart ist. Der **Tarifvertrag** für das private Versicherungsgewerbe legt für den Innendienst als regelmäßige Arbeitszeit 38 3/4 Stunden (ab 1.7.1990 : 38 Stunden) wöchentlich fest. Leistet ein Arbeitnehmer auf Anordnung des Arbeitgebers über diese regelmäßige Arbeitszeit hinaus **Mehrarbeit**, so erhält er dafür pro Stunde eine anteilige Vergütung (1/164 eines Monatsbezugs) und einen Zuschlag von 25 %. Wird die Mehrarbeit an einem Samstag geleistet, so beträgt der Zuschlag 50 %.

Arbeit an **Sonn- und Feiertagen** ist grundsätzlich verboten (§ 105 GewO). Jedoch gibt es von diesem Verbot eine Reihe von Ausnahmen, zum Beispiel zur Durchführung von Not- und sonstigen unaufschiebbaren Arbeiten (§ 105c GewO). Für Sonn- und Feiertagsarbeit wird, soweit sie Mehrarbeit ist, nach dem Tarifvertrag für das private Versicherungsgewerbe ein Zuschlag von 100 % zur zeitanteiligen Vergütung bezahlt.

Ein Zuschlag von 25 % ist auch für die **Nachtarbeit** (zwischen 20 Uhr abends und 6 Uhr morgens) vorgesehen, und zwar unabhängig davon, ob es sich dabei um Mehrarbeit handelt oder nicht. Besondere Vergünstigungen in Form von monatlichen Zulagen und von Freischichten erhalten die in **Wechselschicht** eingesetzten Arbeitnehmer (§ 11 Ziff. 4 und 5 MTV).

Vom Tarifvertrag abweichende Regelungen der regelmäßigen betrieblichen Arbeitszeit können durch freiwillige Betriebsvereinbarungen getroffen werden, wobei aber die durchschnittliche Wochenarbeitszeit von 38 3/4 Stunden (ab 1.7.1990: 38 Stunden) nicht überschritten werden darf. Besondere Bedeutung haben Vereinbarungen der „**gleitenden Arbeitszeit**", die heute in den meisten Versicherungsunternehmen eingeführt ist. Bei ihr können die Arbeitnehmer Beginn und Ende ihrer täglichen Arbeitszeit jeweils innerhalb eines bestimmten zeitlichen Rahmens (Gleitzeit) selbst bestimmen. Die tarifliche Wochenarbeitszeit muß aber im Durchschnitt eingehalten werden. Außerdem darf die tägliche Arbeitszeit auch im Rahmen der gleitenden Arbeitszeit nicht über zehn Stunden täglich ausgedehnt werden. Über- oder Unterschreitungen der tariflichen Arbeitszeit können im Rahmen der gleitenden Arbeitszeit auf das folgende Kalenderhalbjahr übertragen werden. Jedoch muß diese Möglichkeit auf eine angemessene Stundenzahl begrenzt werden (§ 11 Ziff. 1 MTV).

Für den **Werbeaußendienst** gilt die tarifliche Arbeitszeitregelung nicht. Für diesen Personenkreis ist im Tarifvertrag keine bestimmte Arbeitszeit festgelegt (§ 18 MTV). Auch in den Einzelarbeitsverträgen der Außendienstangestellten ist meist keine feste tägliche Arbeitszeit vereinbart, sondern lediglich bestimmt, daß der Angestellte seine volle Arbeitskraft in den Dienst des Unternehmens stellt. Die Einteilung seiner Arbeitszeit bleibt dem Außendienstangestellten im allgemeinen selbst überlassen. Ob für die Außendienstangestellten die Bestimmungen der AZO gelten, ist umstritten (vgl. *Lieb*, Zeitschrift für die gesamte Versicherungswissenschaft 1976, S. 207 ff.), wird aber überwiegend angenommen.

Die Bundesregierung beabsichtigt, das Arbeitszeitrecht gesetzlich neu zu regeln. Im Mai 1987 legte sie dem Bundestag den Entwurf für ein neues Arbeitszeitgesetz, der schon aus der 10. Legislaturperiode (1984–87) stammte, erneut vor. Dieser sieht unter anderem weitergehende Befugnisse der Tarifvertragsparteien bei der Gestaltung des Arbeitszeitschutzes vor. Die regelmäßige Höchstarbeitszeit soll wie bisher 8 Stunden pro Werktag betragen. Im Arbeitszeitgesetz sollen auch die bisher in anderen Gesetzen geregelten Fragen der Arbeit an Sonn- und Feiertagen und des Frauenarbeitsschutzes Aufnahme finden. Dabei soll der Frauenarbeitsschutz den geänderten Verhältnissen angepaßt und zum Beispiel zusätzliche Pausenregelungen für Frauen nicht mehr vorgeschrieben werden.

III. Jugendarbeitsschutzrecht

Der Jugendarbeitsschutz ist im wesentlichen im **Jugendarbeitsschutzgesetz** geregelt. Es gilt für Personen, die noch nicht 18 Jahre alt sind.

Verboten ist nach dem Jugendarbeitsschutzgesetz die Beschäftigung von **Kindern**, das sind nach der gesetzlichen Definition Personen, die das 14. Lebensjahr noch nicht vollendet haben oder noch der Vollzeitschulpflicht unterliegen. Die vom Gesetz vorgesehenen Ausnahmen von diesem Beschäftigungsverbot sind für den Bereich der Versicherungswirtschaft ohne Bedeutung. Jugendliche, die das 15. Lebensjahr noch nicht vollendet haben, dürfen im Rahmen eines Berufsausbildungsverhältnisses beschäftigt werden. Im übrigen unterliegt ihre Beschäftigung zusätzlichen Einschränkungen (§ 7).

Darüber hinaus gelten für alle Jugendlichen eine Reihe von **Beschäftigungsverboten** (§§ 22 bis 26 JArbSchG). So dürfen Jugendliche nicht mit gefährlichen Arbeiten und nicht in Akkordarbeit beschäftigt werden. Auch im Bergbau ist die Beschäftigung von Jugendlichen unzulässig.

Dem Arbeitgeber, der Jugendliche beschäftigt, werden vom Gesetz eine Reihe besonderer **Fürsorgepflichten** auferlegt (§§ 28 bis 31 JArbSchG), wie Belehrung über Unfall- und Gesundheitsgefahren, Vorkehrungen und Maßnahmen zum Schutz von Leben, Gesundheit und Sittlichkeit. Besonderen Nachdruck legt das Jugendarbeitsschutzgesetz auf die **gesundheitliche Betreuung** der Jugendlichen (§§ 32 bis 46). Sie soll sicherstellen, daß Jugendliche nicht mit gesundheitsschädigenden oder nicht ihrem Entwicklungsstand entsprechenden Arbeiten beschäftigt werden. Mit der Beschäftigung eines Jugendlichen darf deshalb grundsätzlich nur begonnen werden, wenn er zuvor ärztlich untersucht worden ist. Für die Untersuchung und die Vorlage der entsprechenden ärztlichen Bescheinigung hat der Jugendliche selbst zu sorgen. Vor Ablauf des ersten Beschäftigungsjahres ist eine Nachuntersuchung durchzuführen. Legt der Jugendliche trotz Mahnung durch den Arbeitgeber die Bescheinigung über die Durchführung dieser Nachuntersuchung nicht spätestens nach 14 Monaten vor, so darf er nicht weiter beschäftigt werden. Weitere Nachuntersuchungen kann der Jugendliche von sich aus durchführen lassen. Sie können auch vom Arzt oder der Aufsichtsbehörde angeordnet werden.

Hinsichtlich der **Arbeitszeit** bestimmt das Gesetz, daß Jugendliche täglich nicht länger als acht Stunden beschäftigt werden dürfen. Diese Bestimmung hat ebenso wie andere Regelungen über die Arbeitszeit Jugendlicher (40-Stunden-Woche, 5-Tage-Woche, zusätzlicher Urlaub) nur noch geringe praktische Bedeutung, da die Regelungen im Tarifvertrag für das private Versicherungsgewerbe inzwischen entsprechend oder sogar günstiger für den Arbeitnehmer ausgestaltet sind. Allerdings führt das gesetzliche Gebot des 8-Stunden-Tages für Jugendliche dazu, daß auf sie die gleitende Arbeitszeit nicht oder nur mit Einschränkung angewendet werden kann. Besondere Bestimmungen gelten auch für Ruhepausen und Ruhezeiten der Jugendlichen. Auch ist die Beschäftigung Jugendlicher zur Nachtzeit (von 20 Uhr abends bis 6 Uhr morgens) grundsätzlich verboten.

Um die Teilnahme der Jugendlichen und auch der über 18 Jahre alten Arbeitnehmer, die noch berufsschulpflichtig sind (§ 9 Abs. 4 JArbSchG), am **Berufsschulunterricht** zu gewährleisten, sind sie vom Arbeitgeber für die Dauer des Unterrichts einschließlich der Wegezeiten freizustellen. Das gleiche gilt für die Teilnahme an Prüfungen. An Tagen mit mindestens fünf Stunden Berufsschulunterricht darf der Jugendliche bzw. der Auszubildende einmal in der Woche vom Arbeitgeber nicht beschäftigt werden. Entsprechende Regelungen gelten für den sogenannten *Blockunterricht*.

Um den Jugendlichen über seine Rechte zu informieren, hat der Arbeitgeber einen Abdruck des Jugendarbeitsschutzgesetzes an geeigneter Stelle **im Betrieb auszulegen**. Darüber hinaus gehört es zu den vom Gesetz besonders erwähnten Aufgaben des Betriebsrats, für die Belange jugendlicher Arbeitnehmer einzutreten. Zusätzlich kann unter gewissen Voraussetzungen in den Betrieben eine Jugendvertretung gewählt werden (vgl. unten D. II. 4 und 5).

IV. Frauenarbeitsschutz und Mutterschutz

Arbeitnehmerinnen sind im Berufsleben ihren männlichen Kollegen gleichgestellt. Dies ist ein allgemeiner Grundsatz unserer Sozialordnung, der in Artikel 3 GG und zusätzlich in konkreterer Form in §§ 611 a und b BGB zum Ausdruck kommt. Danach dürfen Arbeitnehmer insbesondere nicht wegen ihres Geschlechts bei der Einstellung, Entlohnung und Beförderung benachteiligt werden. Obwohl dieses **Benachteiligungsverbot** an sich für Mann und Frau gleichermaßen gilt, wirkt es sich in der Praxis hauptsächlich als Schutz der arbeitenden Frau aus. Es hat zum Beispiel dazu geführt, daß die früher vielfach übliche geringere Bezahlung von Frauen gegenüber Männern bei gleicher Arbeit inzwischen verschwunden ist.

Darüber hinaus dienen eine Reihe öffentlich-rechtlicher Schutzvorschriften dem **Gesundheitsschutz** der Arbeitnehmerinnen. So unterliegt die Beschäftigung von Frauen mit bestimmten schweren Arbeiten, zum Beispiel im Bergbau, in der Schwerindustrie, im Baugewerbe oder auch auf Fahrzeugen gesetzlichen Einschränkungen (§ 16 AZO, § 120 e GewO). Die AZO enthält für Frauen günstigere Bestimmungen bezüglich **Ruhepausen und Höchstarbeitszeit** in bestimmten Fällen. Auch ist die Beschäftigung gewerblicher Arbeitnehmerinnen zur Nachtzeit grundsätzlich unzulässig. Diese Bestimmungen der GewO und der AZO sollen nach dem Entwurf der Bundesregierung künftig in teilweise geänderter Form in das neue Arbeitszeitgesetz übernommen werden. Dabei ist die Aufhebung des Nachtarbeitsverbots für Frauen geplant.

Wichtigster Bestandteil des Frauenarbeitsschutzes ist das **Mutterschutzrecht**. Kernstück des Mutterschutzrechts ist das Mutterschutzgesetz. Es bietet den Frauen während der Schwangerschaft und für eine gewisse Zeit nach der Entbindung einen Gefahren-, Arbeitsplatz- und Entgeltschutz.

Dem **Gefahrenschutz** dienen Vorkehrungen und Maßnahmen des Arbeitgebers am Arbeitsplatz, um Leben und Gesundheit der werdenden oder stillenden Mutter zu schützen, zum Beispiel die Einrichtung einer Sitzgelegenheit bei stehender Beschäftigung oder die Bereitstellung einer Liege zum Ausruhen während der Pausen. Auch dürfen werdende oder stillende Mütter nicht mit schweren körperlichen oder mit gefährlichen Arbeiten oder im Akkord beschäftigt werden. Schließlich ist die Beschäftigung einer Frau vor der Entbindung allgemein dann untersagt, wenn durch die Weiterbeschäftigung nach ärztlichem Zeugnis Leben oder Gesundheit von Mutter oder Kind gefährdet würde.

Besondere Bedeutung haben die Beschäftigungsverbote während der **Schutzfristen** unmittelbar vor und nach der Entbindung: Sechs Wochen vor und acht Wochen (bei Früh- und Mehrlingsgeburten zwölf Wochen) nach der Entbindung ist die Beschäftigung verboten.

Durch den **Arbeitsplatzschutz** soll der Mutter während der Schutzfrist der Arbeitsplatz erhalten und sie gegen die mit einer Kündigung verbundene Belastung geschützt werden. Deshalb bestimmt das Mutterschutzgesetz, daß einer Frau während der Schwangerschaft und bis zum Ablauf von vier Monaten nach der Entbindung nicht gekündigt werden darf.

Nimmt die Arbeitnehmerin nach der Schutzfrist Erziehungsurlaub in Anspruch (siehe oben B. II. d (cc), so genießt sie auch für dessen Dauer noch Kündigungsschutz. Das Kündigungsverbot gilt für ordentliche und außerordentliche Kündigungen, nicht jedoch für eine Beendigung des Arbeitsverhältnisses durch Zeitablauf, zum Beispiel beim Auslaufen eines befristeten Probearbeitsverhältnisses. Voraussetzung für den Kündigungsschutz ist, daß die Arbeitnehmerin den Arbeitgeber über das Bestehen der Schwangerschaft unterrichtet hat oder innerhalb von zwei Wochen nach Ausspruch einer in Unkenntnis der Schwangerschaft ausgesprochenen Arbeitgeberkündigung unterrichtet. In besonderen Fällen kann die Behörde eine Kündigung des Arbeitgebers für zulässig erklären.

Ist eine Kündigung durch den Arbeitgeber grundsätzlich ausgeschlossen, so kann umgekehrt die Arbeitnehmerin selbst während der Schwangerschaft und der achtwöchigen Schutzfrist nach der Entbindung jederzeit fristlos kündigen. Beansprucht sie Erziehungsurlaub, so kann sie auch noch zu dessen Ende das Arbeitsverhältnis durch Kündigung auflösen.

Durch den **Entgeltschutz** soll die Arbeitnehmerin während der Mutterschutzzeit so gestellt werden, daß sie wegen der Unterbrechung ihrer Beschäftigung aus Gründen der Mutterschaft keine Einkommenseinbußen erleidet. Deshalb erhält die Arbeitnehmerin während der mutterschutzbedingten Beschäftigungsverbote entweder ihr Arbeitsentgelt weiter gezahlt (§ 11 MuSchG) oder Mutterschaftsgeld von der Krankenkasse bzw. vom Bund, das durch einen Arbeitgeberzuschuß auf das volle Netto-Arbeitsentgelt aufgestockt wird (§§ 12–19 MuSchG). Seit 1.1.1984 ist die bis dahin geltende Regelung des Mutterschutzgesetzes über den Mutterschaftsurlaub durch das Bundeserziehungsgeldgesetz (BErzGG) ersetzt worden. Erziehungsurlaub und Erziehungsgeld nach diesem Gesetz stehen nicht wie der frühere Mutterschaftsurlaub, nur jungen Müttern zu sondern können auch von Vätern und unter bestimmten Voraussetzungen auch von anderen Personen beansprucht werden (siehe dazu oben B. II. d (cc)).

V. Schwerbehindertenschutz

Das **Schwerbehindertengesetz,** das die wesentlichen gesetzlichen Bestimmungen zum Schutz der Schwerbehinderten enthält, verfolgt drei Hauptziele: die Eingliederung des Schwerbehinderten in das Arbeitsleben; seinen Schutz gegen einen ungerechtfertigten Verlust des Arbeitsplatzes und eine gesteigerte Fürsorge des Arbeitgebers für den Schwerbehinderten im Arbeitsverhältnis. **Schwerbehinderte** sind Personen, die körperlich, geistig oder seelisch behindert und infolge ihrer Behinderung in ihrer Erwerbsfähigkeit um wenigstens 50 v. H. gemindert sind. Die Art und die Ursachen der Behinderung spielen dabei keine Rolle. Personen, die um weniger als 50 v. H., aber um mehr als 30 v. H. infolge einer Behinderung erwerbsgemindert sind, können, wenn sie sonst einen geeigneten Arbeitsplatz nicht erlangen oder behalten können, auf Antrag den Schwerbehinderten gleichgestellt werden.

Alle Arbeitgeber haben auf mindestens 6 v. H. der Arbeitsplätze Schwerbehinderte zu beschäftigen. Genügen sie dieser **Beschäftigungspflicht** nicht, so haben sie eine Ausgleichsabgabe zu zahlen. In Betrieben mit weniger als 16 Arbeitsplätzen entfällt diese Beschäftigungspflicht von Schwerbehinderten. Die Ausgleichsabgabe darf nur für die Zwecke der Arbeits- und Berufsförderung Behinderter sowie für Leistungen zur nachgehenden Hilfe im Arbeitsleben verwendet werden.

Schwerbehinderte Arbeitnehmer und ihnen gleichgestellte genießen einen besonderen **Kündigungsschutz**. Dieser besteht darin, daß ihre ordentliche oder außerordentliche Kündigung durch den Arbeitgeber grundsätzlich nur mit behördlicher Zustimmung möglich ist. Eine Ausnahme gilt insbesondere während der ersten sechs Monate der Beschäftigung. Auch das Auslaufen eines befristeten Arbeitsverhältnisses wird durch den Kündigungsschutz nicht betroffen.

Zuständig für die Erteilung der behördlichen Zustimmung ist die **Hauptfürsorgestelle**, die außerdem noch weitere öffentlich-rechtliche Aufgaben im Rahmen des Schwerbehindertenschutzes wahrnimmt, wie zum Beispiel die Erhebung und Verwendung der Ausgleichsabgabe.

Die Arbeit des Schwerbehinderten ist ebenso zu entlohnen wie die eines gesunden Arbeitnehmers. Ist der Schwerbehinderte jedoch gegenüber einem gesunden Arbeitnehmer weniger leistungsfähig, so kann eine geringere Entlohnung vereinbart werden.

Zum Ausgleich ihrer stärkeren Belastung haben Schwerbehinderte Anspruch auf einen **Zusatzurlaub** von fünf Arbeitstagen zu dem Urlaub, den ein nicht schwerbehinderter Arbeitnehmer unter sonst gleichen Bedingungen und Voraussetzungen erhält.

Darüber hinaus ist der Arbeitgeber den von ihm beschäftigten Schwerbehinderten zu **besonderer Fürsorge** im Rahmen des ihm Zumutbaren verpflichtet, zum Beispiel durch besondere Ausstattungen, Arbeitshilfen und Arbeitsabläufe, die die Tätigkeit der Schwerbehinderten ermöglichen oder erleichtern. Der Arbeitgeber kann dafür Zuschüsse durch die Hauptfürsorgestelle erhalten.

In Betrieben mit mindestens fünf ständig beschäftigten schwerbehinderten Arbeitnehmern wählen diese als Schwerbehindertenvertretung einen **Vertrauensmann** oder eine **Vertrauensfrau**. Die Schwerbehindertenvertretung, deren persönliche Rechtsstellung (Entgeltschutz, Freistellung, Kündigungsschutz etc.) der eines Betriebsratsmitglieds angenähert ist, hat die Gruppen- und Einzelinteressen der Schwerbehinderten zu vertreten. So hat sie darüber zu wachen, daß die Schutzvorschriften zugunsten der Schwerbehinderten eingehalten werden, Beschwerden der Behinderten entgegenzunehmen und Maßnahmen zu ihren Gunsten anzuregen. Der Vertrauensmann oder die Vertrauensfrau kann an allen Sitzungen der Arbeitnehmervertretung teilnehmen und mindestens einmal im Jahr eine Versammlung der Schwerbehinderten im Betrieb durchführen.

Auch die **Betriebs- und Personalräte** haben die Eingliederung von Schwerbehinderten zu fördern und für eine ihren Kenntnissen und Fähigkeiten entsprechende Beschäftigung einzutreten.

VI. Schutz des Wehrdienstleistenden

Arbeitnehmer, die zur Ableistung ihrer Wehrpflicht oder zu einer Wehrübung einberufen werden, sind vom Arbeitgeber **freizustellen**. In Ausnahmefällen, insbesondere bei Arbeitnehmern, die sich in der Berufsausbildung befinden, kann der Arbeitnehmer vom Wehrdienst zurückgestellt oder unabkömmlich gestellt werden (§§ 12, 13 Wehrpflichtgesetz).

Das **Arbeitsplatzschutzgesetz** will mit seinen Schutzbestimmungen verhindern, daß dem Wehrdienst leistenden Arbeitnehmer über die Unterbrechung des Arbeitsverhältnisses hinaus weitere Nachteile entstehen. So legt das Gesetz fest, daß der Wehrdienst das **Arbeitsverhältnis nicht beendet.** Vielmehr ruht das Arbeitsverhältnis lediglich für die Dauer des Wehrdienstes (§§ 1, 11 ArbPlSchG). Dies hat zur Folge, daß die Hauptpflichten aus dem Arbeitsvertrag (Arbeitsleistung, Vergütung) während dieser Zeit entfallen. Nach Beendigung des Wehrdienstes wird das Arbeitsverhältnis fortgesetzt, wobei der Wehrdienst auf die Berufs- und Betriebszugehörigkeit des Arbeitnehmers **angerechnet** wird. Ausdrücklich legt das Arbeitsplatzschutzgesetz fest, daß dem Arbeitnehmer aus Anlaß seiner Wehrdienstabwesenheit in beruflicher und betrieblicher Hinsicht kein Nachteil erwachsen darf.

Kernstück des Arbeitsplatzschutzgesetzes ist der **Kündigungsschutz**: Von der Zustellung des Einberufungsbescheides bis zur Beendigung des Grundwehrdienstes sowie während einer Wehrübung darf der Arbeitgeber das Arbeitsverhältnis nicht ordentlich kündigen. Darüber hinaus ist die Kündigung aus Anlaß des Wehrdienstes auch vor oder nach dem Wehrdienst unzulässig. Auch darf ein Arbeitgeber, wenn er aus dringenden betrieblichen Erfordernissen Arbeitnehmer entlassen muß, bei der Auswahl der zu kündigenden Arbeitnehmer die Einberufung zum Wehrdienst nicht berücksichtigen.

Das Recht zur außerordentlichen Kündigung aus wichtigem Grund wird durch diese Bestimmungen nicht berührt, ebensowenig das Auslaufen eines zeitlich befristeten Arbeitsverhältnisses.

Die Bestimmungen des Arbeitsplatzschutzgesetzes gelten für Zivildienstleistende entsprechend.

Bei Einberufung zu einer Wehrübung von nicht mehr als drei Tagen Dauer erhält der Arbeitnehmer unter Freistellung von der Arbeitsleistung sein Arbeitsentgelt weitergezahlt. Dauert die Wehrübung länger als drei Tage, so ruht das Arbeitsverhältnis während dieser Zeit, und es besteht ein ähnlich gearteter Kündigungsschutz wie nach dem Arbeitsplatzschutzgesetz (§ 2 Eignungsübungsgesetz).

D. Kollektives Arbeitsrecht

I. Tarif- und Arbeitskampfrecht

Das Grundgesetz gewährt in Artikel 9 Abs. 3 den „**Koalitionen**" des Arbeitslebens (Gewerkschaften und Arbeitgeberverbänden) einen besonderen verfassungsrechtlichen Schutz. Zum Kernbereich dieses Schutzes gehören die sogenannte **Tarifautonomie** und die Möglichkeit, Arbeitskämpfe zu führen. Unter Tarifautonomie versteht man das Recht der Gewerkschaften und Arbeitgeberverbände, unabhängig von staatlicher Einflußnahme Arbeitsbedingungen zu regeln. Gesetzliche Vorschriften über diese durch die Verfassung garantierte Rechtsetzungsbefugnis der Koalitionen enthält das Tarifvertragsgesetz.

1. Tarifvertragsparteien

Nach dem Tarifvertragsgesetz können Tarifvertragsparteien sein:

Gewerkschaften,
einzelne Arbeitgeber,
Arbeitgeberverbände.

Wird ein Tarifvertrag zwischen einem Arbeitgeberverband und einer Gewerkschaft geschlossen, so spricht man von einem **Verbandstarifvertrag.** Ist ein einzelner Arbeitgeber Vertragspartner der Gewerkschaft, so liegt ein **Firmen- oder Haustarifvertrag** vor.

Im Bereich der Versicherungswirtschaft gibt es folgende Tarifvertragsparteien:

Arbeitgeberverband der Versicherungsunternehmen in Deutschland e. V., München,

sowie die folgenden Gewerkschaften

DAG – Deutsche Angestellten-Gewerkschaft, Hamburg
HBV – Gewerkschaft Handel, Banken und Versicherungen, Düsseldorf; Mitglied des Deutschen Gewerkschaftsbundes (DGB)
DHV – Deutscher Handels- und Industrieangestellten-Verband, Hamburg; Mitglied des Christlichen Gewerkschaftsbundes (CGB)
VWA – Verband der weiblichen Angestellten e. V., Hannover; ebenfalls Mitglied des CGB

Zwischen diesen Tarifvertragsparteien besteht als Verbandstarifvertrag der **„Tarifvertrag für das private Versicherungsgewerbe"**. Da fast alle Versicherungsunternehmen der Bundesrepublik Mitglied des Arbeitgeberverbandes der Versicherungsunternehmen sind, gilt dieser Verbandstarifvertrag nahezu im gesamten Bereich der deutschen Versicherungswirtschaft. Daneben gibt es einige Haustarifverträge für Unternehmen, die nicht dem Arbeitgeberverband angehören, wie die Volksfürsorge-Versicherungsgruppe, Hamburg, und die Deutsche Beamten-Versicherungsgruppe, Wiesbaden.

2. Abschluß und Inhalt von Tarifverträgen

Tarifverträge kommen regelmäßig aufgrund vorangegangener **Tarifverhandlungen** zwischen zwei oder mehreren Tarifvertragsparteien zustande. Sie sind nur rechtswirksam, wenn sie schriftlich abgeschlossen werden. Über alle Tarifverträge wird beim Bundesministerium für Arbeit und Sozialordnung ein **Tarifregister** geführt. Die Tarifvertragsparteien sind verpflichtet, die von ihnen abgeschlossenen Tarifverträge dort zur Registrierung anzumelden.

Die Arbeitgeber sind verpflichtet, die für ihren Betrieb maßgebenden Tarifverträge im Betrieb an geeigneter Stelle auszulegen, damit sich die Arbeitnehmer jederzeit über die geltenden Bestimmungen informieren können.

Tarifverträge sind meist in einen **Manteltarifvertrag** und einen **Lohn- und Gehaltstarifvertrag** unterteilt. Diese Zweiteilung hat sich als zweckmäßig erwiesen, weil die Neufestlegung der Löhne und Gehälter infolge der raschen Entwicklung in kurzen, meist jährlichen Abständen erforderlich wird, während die Regelungen in den Manteltarifverträgen längerfristigen Charakter haben und nicht so oft geändert werden.

Der Tarifvertrag für das private Versicherungsgewerbe ist gegliedert in die Teile A Manteltarifvertrag und B Gehaltstarifvertrag. Der **Manteltarifvertrag** enthält als wichtigste Regelungen die Bestimmungen über die Gehaltsgruppen der Innendienstangestellten und die Eingruppierung, über verschiedene Zulagen, über die (tariflichen) Sonderzahlungen, über die Bezüge im Krankheitsfall, über Arbeitszeit, Urlaub, Kündigungsfristen und Kündigungsschutz. Ein besonderer Abschnitt enthält die Regelungen für die Angestellten des Werbeaußendienstes. Der **Gehaltstarifvertrag** regelt die Gehälter der Innendienstangestellten, die Auszubildendenvergütungen, das Mindesteinkommen der Außendienstangestellten, die Verantwortungs- und Sozialzulagen der Höhe nach und die Spesen für den nicht werbenden Außendienst.

Daneben gibt es das Rationalisierungsschutzabkommen, das Schutzbestimmungen für durch Rationalisierungsmaßnahmen betroffene Arbeitnehmer des Innendienstes enthält, die Tarifvereinbarung über vermögenswirksame Leistungen, die Tarifvereinbarung über ärztliche Augenuntersuchungen der an Datensichtgeräten beschäftigten Arbeitnehmer sowie das Vorruhestandsabkommen für die Versicherungswirtschaft und die Vorruhestandsvereinbarung für den Werbeaußendienst.

3. Wirkung der tariflichen Bestimmungen

Die Bestimmungen der Tarifverträge gelten **unmittelbar und zwingend**, das heißt unabdingbar für die einzelnen Arbeitsverhältnisse. Die Tarifverträge haben damit eine normative Wirkung wie ein Gesetz. Da aber in einzelvertraglichen Vereinbarungen zugunsten der Arbeitnehmer von den Bestimmungen des Tarifvertrages abgewichen werden kann (Günstigkeitsprinzip), haben die Tarifverträge praktisch die Bedeutung von **Mindestarbeitsbedingungen**. Wird in einem Arbeitsvertrag eine ungünstigere Regelung, zum Beispiel ein niedrigeres Gehalt vereinbart als tarifvertraglich vorgesehen, so ist der Arbeitsvertrag insoweit ungültig. Es gilt dann die Tarifregelung, in diesem Fall also das Tarifgehalt, als vereinbart. Die Arbeitnehmer können auch nicht auf ihre tarifvertraglichen Rechte verzichten. Allerdings kann der Tarifvertrag selbst in einzelnen Punkten abweichende Abmachungen auch zu Ungunsten der Arbeitnehmer gestatten.

Nach dem Gesetz gilt der Tarifvertrag nur bei beiderseitiger **Tarifgebundenheit**, also nur dann, wenn der Arbeitnehmer Mitglied einer der tarifschließenden Gewerkschaften ist und der Arbeitgeber entweder selbst den Tarifvertrag abgeschlossen hat (Firmentarifvertrag) oder dem abschließenden Arbeitgeberverband (Verbandstarifvertrag) angehört. In der Praxis wird der Tarifvertrag jedoch von den tarifgebundenen Arbeitgebern regelmäßig auf alle Arbeitnehmer ohne Rücksicht auf deren Gewerkschaftszugehörigkeit angewendet.

Ein Tarifvertrag kann auch vom Bundesarbeitsministerium für **allgemeinverbindlich** erklärt werden. Dann gelten seine Normen auch für die Arbeitsverhältnisse der sonst nicht tarifgebundenen Arbeitnehmer und Arbeitgeber eines bestimmten Wirtschaftszweiges. Diese Maßnahme ist für Branchen gedacht, in denen es viele kleinere Betriebe gibt, deren Inhaber keinem Verband angehören (zum Beispiel Bau, Handel). Der Tarifvertrag für das private Versicherungsgewerbe ist nicht allgemeinverbindlich.

Der Tarifvertrag gilt nur für diejenigen Arbeitsverhältnisse, die er seinem Wortlaut nach erfaßt (persönlicher Geltungsbereich).

Der Tarifvertrag für das private Versicherungsgewerbe nimmt zum Beispiel Arbeitnehmer in bestimmten leitenden Positionen (Prokuristen, Syndizi, Chefmathematiker, Gesellschaftsärzte und Generalagenten) und bestimmte Arbeitnehmer, die nicht voll in das Unternehmen eingegliedert sind (zum Beispiel Aushilfskräfte bis 3 Monate Beschäftigung und nebenberufliche Arbeitnehmer), von seinem Geltungsbereich aus. Für diese Arbeitnehmer gelten also die Bestimmungen des Tarifvertrages selbst dann nicht, wenn sie Mitglieder einer der am Tarifvertrag beteiligten Gewerkschaften sind.

Der bloße Ablauf des Tarifvertrages (zum Beispiel aufgrund einer Kündigung), läßt noch keinen ungeregelten Zustand eintreten. Die Normen des Tarifvertrages gelten vielmehr weiter (**Nachwirkung**, § 4 Abs. 5 TVG). Sie sind jetzt aber nicht mehr zwingend, sondern können durch jede andere Abmachung, also auch einzelvertraglich, ganz oder teilweise abbedungen werden.

4. Arbeitskampf

Wenn sich die Tarifvertragsparteien in Verhandlungen nicht über einen Tarifabschluß einigen können, kann es zu einem Arbeitskampf kommen, durch den eine oder beide Parteien versuchen, die jeweils andere Seite durch **Ausübung von Druck** zum Abschluß eines Tarifvertrages zu bewegen. Solange ein Tarifvertrag nicht abgelaufen ist, darf ein Arbeitskampf zur Durchsetzung von Änderungen dieses Tarifvertrages nicht geführt oder vorbereitet werden (Friedenspflicht). Arbeitskämpfe sind also immer erst nach Ablauf der tariflichen **Friedenspflicht** zulässig. Häufig ist zwischen Gewerkschaften und Arbeitgebern vereinbart, nach dem Scheitern der Tarifverhandlungen ein **Schlichtungsverfahren** durchzuführen. Solche Schlichtungsabkommen sehen meist eine Verlängerung der tariflichen Friedenspflicht über den zeitlichen Ablauf des Tarifvertrages hinaus vor.

Das Schlichtungsabkommen im privaten Versicherungsgewerbe vom 27.9.1955 ist von den Gewerkschaften DAG und HBV zum 30.6.1980 gekündigt worden. Ein neues Abkommen wurde bisher nicht abgeschlossen.

Durch ein Schlichtungsverfahren, das auch zur Beilegung eines Arbeitskampfes und auch unabhängig von der Existenz eines tariflichen Abkommens durchgeführt werden kann, wird der Versuch unternommen, in einer gemeinsamen Schlichtungskommission, meist unter einem neutralen Vorsitzenden, eine Einigung der Tarifvertragsparteien herbeizuführen.

Im Arbeitskampfrecht gilt der Grundsatz der Kampfparität. Jeder Seite steht ein Kampfmittel zu, den Gewerkschaften der **Streik**, der Arbeitgeberseite die **Aussperrung.** Im Arbeitsleben ist der Streik das typische Angriffsmittel, die Aussperrung das typische Verteidigungsmittel.

a) Streik

Unter Streik versteht man die planmäßige und gemeinschaftliche **Arbeitseinstellung** einer größeren Zahl von Arbeitnehmern zur Durchsetzung eines gemeinsamen Zieles. Ein Streik ist nur zulässig, wenn er von einer Gewerkschaft geführt wird. Anderenfalls handelt es sich um einen rechtswidrigen „*wilden*" Streik. Mit dem Streik muß auch ein tariflich regelbares Ziel verfolgt werden. Das bedeutet, daß etwa politische Streiks, durch die Regierung oder Parlament veranlaßt werden sollen, eine bestimmte politische Forderung zu erfüllen, nicht zulässig sind.

Die Gewerkschaftssatzungen sehen z. T. vor, über die Frage, ob gestreikt werden soll, zunächst die Gewerkschaftsmitglieder in einer **Urabstimmung** entscheiden zu lassen. In diesem Fall darf der Streik nicht ohne vorherige Urabstimmung durchgeführt werden.

Der Streik muß immer das **äußerste und letzte Mittel** sein, um das gesteckte Ziel zu erreichen (ultima-ratio-Doktrin). Das bedeutet insbesondere, daß die Verhandlungsmöglichkeiten zuvor ausgeschöpft sein müssen. Sobald die Gewerkschaft einen Streik beginnt, sei es auch nur ein kurzer Warnstreik, gibt sie nach der Rechtsprechung des Bundesarbeitsgerichts damit gleichzeitig zu erkennen, daß sie die Verhandlungen als ausgeschöpft ansieht.

Die Gewerkschaft muß für eine **faire Kampfführung** sorgen. Rechtswidrige Akte (zum Beispiel Gewaltanwendung gegenüber arbeitswilligen Arbeitnehmern oder Fabrikbesetzungen) darf sie nicht dulden und erst recht nicht dazu aufrufen. Sie muß auch mithelfen, notwendige Erhaltungsarbeiten durchzuführen, zum Beispiel durch Organisation eines Notdienstes.

b) Aussperrung

Eine Aussperrung liegt vor, wenn ein oder mehrere Arbeitgeber planmäßig Gruppen von Arbeitnehmern nicht zur Arbeit zulassen und die Lohnzahlung verweigern, um ein arbeitspolitisches Ziel zu erreichen. Die Zulässigkeit der Aussperrung in Form der sogenannten **Abwehraussperrung,** mit der die Arbeitgeberseite auf einen Streik antwortet, ist vom Bundesarbeitsgericht wiederholt, zuletzt durch die Grundsatzentscheidung vom 10.6.1980, bejaht worden. Insoweit ist auch das Verbot der Aussperrung in der Verfassung des Landes Hessen unwirksam. Ohne Aussperrung wäre die Kampfparität für die Arbeitgeberseite nicht gewährleistet, insbesondere bei Schwerpunktstreiks der Gewerkschaften. Durch einen solchen Schwerpunktstreik kann die Gewerkschaft mit geringem Aufwand einen ganzen Wirtschaftszweig lahmlegen, z. B. die gesamte Automobilindustrie durch Bestreikung einiger wichtiger Zuliefererbetriebe. Dagegen müssen sich die Arbeitgeber mit der Abwehraussperrung wehren können. Diese soll jedoch nach Meinung des BAG nur insoweit zulässig sein, als die notwendige Kampfparität dies erfordert.

Ob und unter welchen Voraussetzungen die Arbeitgeber auch zur Angriffsaussperrung berechtigt sind, um von den Gewerkschaften bestimmte Tarifregelungen zu erzwingen, ist vom BAG bisher offen gelassen worden. In der Literatur ist diese Frage umstritten.

c) Rechtsfolgen bei zulässigen Arbeitskampfmaßnahmen

Streik und Aussperrung führen zu einer **Suspendierung** der Arbeitsverhältnisse. Das bedeutet, daß die Hauptpflichten der Parteien während des Arbeitskampfes ruhen. Mit seiner Beendigung leben sie von selbst wieder auf, ohne daß es einer besonderen Wiedereinstellung bedürfte. Dies gilt auch für den Fall der Aussperrung, die grundsätzlich nur suspendierende Wirkung hat, das Arbeitsverhältnis also nicht auflöst. Ob es daneben eine sogenannte *lösende Aussperrung* gibt, die das Arbeitsverhältnis beendet, ist umstritten. Das BAG will sie unter bestimmten Voraussetzungen zulassen. Jedoch soll auch in diesem Fall der Arbeitgeber nach Beendigung des Arbeitskampfes zur Wiedereinstellung grundsätzlich verpflichtet sein.

Während des Arbeitskampfes **entfallen die Lohn- und Gehaltsansprüche**, und zwar nicht nur derjenigen Arbeitnehmer, die selbst streiken oder ausgesperrt sind, sondern auch der Arbeitnehmer, die, ohne selbst zu streiken, infolge des Arbeitskampfes vom Arbeitgeber nicht weiterbeschäftigt werden können. Der Lohnanspruch entfällt auch in den nur mittelbar betroffenen Betrieben, zum Beispiel beim Streik in der Automobilindustrie in den Unternehmen der Zubehörindustrie, wenn diese infolge des Streiks nicht mehr arbeiten können (**Sphärentheorie**).

Soweit die streikenden oder ausgesperrten Arbeitnehmer gewerkschaftlich organisiert sind, erhalten sie von ihrer Gewerkschaft im Rahmen der Satzung Streikunterstützung.

II. Betriebsverfassung

Das **Betriebsverfassungsgesetz** vom 15.1.1972 regelt die Mitwirkung und Mitbestimmung der Arbeitnehmer in den Betrieben durch gewählte Betriebsräte. Es unterscheidet sich von seinen Vorläufern, dem Betriebsrätegesetz von 1920 und dem Betriebsverfassungsgesetz von 1952, vor allem durch weitergehende Mitbestimmungsrechte des Betriebsrats, besonders im sozialen und personellen Bereich, beruht aber wie diese auf dem Grundsatz der vertrauensvollen Zusammenarbeit zwischen Arbeitgeber und Betriebsrat und dem Gebot der betrieblichen Friedenspflicht, insbesondere auch dem Verbot der parteipolitischen Betätigung im Betrieb.

1. Allgemeine Vorschriften

Die Bestimmungen des Betriebsverfassungsgesetzes finden auf alle **Arbeitnehmer**, das sind Arbeiter und Angestellte (siehe dazu oben A. IV. 1) einschließlich der *„zu ihrer Berufsausbildung Beschäftigten"* (Auszubildende), Anwendung. Ausgenommen von der Geltung des Gesetzes sind jedoch die **leitenden Angestellten** (§ 5 Abs. 3). Für sie ist eine besondere Interessenvertretung in Form von Sprecherausschüssen vorgesehen (siehe unten 13.). Ihre Abgrenzung von den übrigen Angestellten bereitet in der Praxis große Schwierigkeiten, da das Gesetz für die Beschreibung der leitenden Angestellten unscharfe und schwer faßbare Begriffe verwendet. Durch die am 1.1.1989 in Kraft getretene Novelle zum Betriebsverfassungsgesetz wurde die Definition des leitenden Angestellten neu gefaßt und insbesondere durch vier Hilfskriterien ergänzt, die in Zweifelsfällen die Entscheidung erleichtern sollen, ob ein Mitarbeiter als leitender Angestellter anzusehen ist oder nicht. Nach wie vor dürfte die zusammenfassende Beschreibung des Bundesarbeitsgerichts in seiner Entscheidung vom 29.1.1980 zutreffen:

„Arbeitnehmer, die Generalvollmacht oder Prokura haben oder die zur selbständigen Einstellung oder Entlassung von Arbeitnehmern berechtigt sind, gehören grundsätzlich zu den leitenden Angestellten, sonstige Angestellte dann, wenn die Gesamtwürdigung ergibt,

daß ein Angestellter ausreichend bedeutsame unternehmerische Aufgaben wahrnimmt und dabei einen erheblichen Entscheidungsspielraum zu verantworten hat, und wenn dies auch seiner Dienststellung und seinem Dienstvertrag entspricht."

Ist nach diesen Grundsätzen eine zweifelsfreie Entscheidung nicht möglich, kommt es darauf an, ob der Arbeitnehmer bei der letzten betrieblichen Wahl den leitenden Angestellten zugerechnet wurde, ob er einer Leitungsebene angehört, die überwiegend durch leitende Angestellte besetzt ist oder ob er ein für leitende Angestellte übliches Jahresarbeitsentgelt bezieht.

Die Abgrenzung der leitenden Angestellten hat erhöhte Bedeutung dadurch gewonnen, daß diese nach dem Mitbestimmungsgesetz 1976 einen eigenen Vertreter in den Aufsichtsrat wählen. Für das Mitbestimmungsgesetz sind die Abgrenzungskriterien des Betriebsverfassungsgesetzes entsprechend anzuwenden (vgl. unten D. III).

Für die Betriebsratswahl und die Wahl des Sprecherausschusses der leitenden Angestellten erfolgt die Abgrenzung der Leitenden von den übrigen Angestellten durch eine Einigung zwischen den Wahlausschüssen für die Betriebsratswahl und die Sprecherausschußwahl. Kommt diese nicht zustande, entscheidet über die streitigen Fälle ein Vermittler, auf den sich beide Seiten einigen oder der durch das Los bestimmt wird.

Heimarbeiter gelten ebenfalls als Arbeitnehmer des Betriebes, wenn sie „in der Hauptsache" für den Betrieb tätig sind. Das ist nach der Rechtsprechung der Fall, wenn ihre Tätigkeit für den Betrieb im Verhältnis zur Tätigkeit für andere Betriebe überwiegt.

Auch auf **Teilzeitbeschäftigte** findet das Betriebsverfassungsgesetz Anwendung, zumindest wenn ihr Verdienst oberhalb der Sozialversicherungsgrenze liegt.

Betriebsräte sind nur in Betrieben ab einer **Mindestgröße** von mindestens fünf ständig beschäftigten, wahlberechtigten Arbeitnehmern zu wählen, von denen drei das passive Wahlrecht haben müssen. Der Begriff des Betriebes wird vom Betriebsverfassungsgesetz nicht definiert. Hier gilt die im Arbeitsrecht allgemein übliche Definition (siehe oben A. IV. 3).

Betriebsteile wählen einen eigenen Betriebsrat, wenn sie vom Hauptbetrieb weit entfernt sind oder durch Aufgabenbereich und Organisation eigenständig sind (§ 4). Das letztere trifft zum Beispiel auf Geschäftsstellen der Versicherungsunternehmen häufig zu. Voraussetzung für einen eigenen Betriebsrat ist allerdings die Mindestbetriebsgröße (siehe oben). Kleinere Betriebsteile werden zum Hauptbetrieb gerechnet.

Den **Gewerkschaften und Arbeitgeberverbänden** werden durch das Betriebsverfassungsgesetz eigene Aufgaben und Rechte zugewiesen. In den Grundsatz der vertrauensvollen Zusammenarbeit bezieht das Gesetz ausdrücklich auch die im Betrieb vertretenen Gewerkschaften und Arbeitgeberverbände ein (§ 2 Abs. 1).

Den Beauftragten der im Betrieb vertretenen Gewerkschaften ist ein **Zugangsrecht** zum Betrieb eingeräumt, das regelmäßig ein Ersuchen des Betriebsrats voraussetzt. Der Arbeitgeber ist rechtzeitig davon zu unterrichten; er kann den Zutritt aus bestimmten betrieblichen Gründen verweigern.

Daneben haben die Gewerkschaften ein **Teilnahmerecht** an bestimmten Veranstaltungen wie Betriebsversammlung und Betriebsräteversammlung und besondere Rechte im Zusammenhang mit der Betriebsratswahl in bislang betriebsratslosen Betrieben. Sie können auch eine fehlerhafte Betriebsratswahl selbständig anfechten.

Schließlich steht ihnen ein eigenes Antragsrecht auf Strafverfolgung zu sowie das Recht, wegen grober Pflichtverletzungen die Auflösung des Betriebsrats oder den Ausschluß einzelner Mitglieder bzw. die Festsetzung von Buß- oder Zwangsgeld gegen den Arbeitgeber zu verlangen (§ 23).

Besonders wichtig ist in diesem Zusammenhang, daß den Mitgliedern der Betriebsverfassungsorgane eine Betätigung für ihre Gewerkschaft auch im Betrieb ausdrücklich erlaubt ist. Allerdings dürfen sie diese Tätigkeit nicht mit ihrem Amt verbinden, sondern sind grundsätzlich zur Neutralität verpflichtet.

Auch den Arbeitgeberverbänden ist durch das Gesetz eine Unterstützungsfunktion zuerkannt worden. Selbständige Rechte sind ihnen allerdings nur in begrenztem Umfang eingeräumt, so das Teilnahmerecht an Betriebsversammlungen und an bestimmten Betriebsratssitzungen.

2. Wahl des Betriebsrats

Der Betriebsrat wird von den Arbeitnehmern des Betriebes gewählt.

Wahlberechtigt sind alle Arbeitnehmer, die das 18. Lebensjahr vollendet haben. Um in den Betriebsrat gewählt werden zu können, ist zusätzlich eine sechsmonatige Betriebszugehörigkeit erforderlich (§§ 7, 8). Die Anzahl der zu wählenden Betriebsratsmitglieder richtet sich nach der Zahl der Arbeitnehmer des Betriebes. Sie ist im Gesetz im einzelnen festgelegt (§ 9). In Betrieben mit nicht mehr als 20 wahlberechtigten Arbeitnehmern besteht der Betriebsrat nur aus einer Person. Arbeiter und Angestellte müssen entsprechend ihrem zahlenmäßigen Verhältnis im Betriebsrat vertreten sein.

Die Betriebsratswahl findet all vier Jahre in der Zeit vom 1.3 bis 31.5. statt. Gewählt wird in geheimer und unmittelbarer Wahl aufgrund von Wahlvorschlägen der Arbeitnehmer und der im Betrieb vertretenen Gewerkschaften. Vorbereitung und Durchführung der Wahl sind Aufgaben des Wahlvorstandes, der vom alten Betriebsrat bestellt bzw., wenn noch kein Betriebsrat vorhanden ist, von den Arbeitnehmern gewählt wird. Die Einzelheiten des Wahlverfahrens sind in der Wahlordnung 1972 geregelt.

Die Wahl des Betriebsrats darf nicht behindert werden. Verstöße gegen dieses Verbot sind strafbar (§ 119). Die Kosten der Wahl trägt der Arbeitgeber.

Wird gegen wesentliche Vorschriften über das Wahlrecht, die Wählbarkeit oder das Wahlverfahren verstoßen, z. B. Fehler bei der Aufstellung der Wählerliste, fehlerhafte Zusammensetzung des Wahlvorstandes, und konnte dadurch das Wahlergebnis beeinflußt werden, so kann die Wahl binnen zweier Wochen nach Bekanntgabe des Wahlergebnisses beim Arbeitsgericht angefochten werden. Hat die Anfechtung Erfolg, so muß das Wahlergebnis korrigiert bzw. die Betriebsratswahl wiederholt werden.

Die Betriebsratswahl kann auch nichtig sein, wenn die gesetzlichen Vorschriften in einem Maße verletzt wurden, daß man nicht ernsthaft von einer Wahl sprechen kann, z. B. wenn auf einer Versammlung der Belegschaft durch Handzeichen gewählt wurde. Die Nichtigkeit der Wahl kann ohne Frist geltend gemacht werden.

3. Organisation und Geschäftsführung des Betriebsrats

Die Amtszeit des Betriebsrats beträgt vier Jahre. Der Betriebsrat wählt einen **Vorsitzenden** und einen stellvertretenden Vorsitzenden. Der Vorsitzende vertritt den Betriebsrat im Rahmen der von ihm gefaßten Beschlüsse und nimmt die Erklärungen, die dem Betriebsrat gegenüber abzugeben sind (z.B. Erklärungen des Arbeitgebers), entgegen. Er ist aber nicht zu selbständigen Entscheidungen für den Betriebsrat befugt.

Größere Betriebsräte ab neun Mitgliedern bilden einen **Betriebsausschuß**, dessen Zusammensetzung im Gesetz vorgeschrieben ist (§ 27). Der Betriebsausschuß führt die laufenden Geschäfte des Betriebsrats. Es können ihm auch bestimmte Aufgaben zur selbständigen Erledigung übertragen werden. Der Betriebsrat kann auch weitere Ausschüsse bilden und ihnen bestimmte Aufgaben übertragen. Von dieser Möglichkeit machen viele Betriebsräte Gebrauch, weil dadurch die Erfüllung der Betriebsratsaufgaben erheblich verbessert, beschleunigt und auch verbilligt werden kann.

Der Betriebsrat trifft seine Entscheidungen auf **Betriebsratssitzungen** durch Mehrheitsbeschlüsse.

Die Sitzungen werden vom Betriebsratsvorsitzenden nach eigenem Ermessen einberufen. Er ist zur Einberufung einer Sitzung verpflichtet, wenn ein Viertel der Betriebsratsmitglieder oder der Arbeitgeber dies verlangen. Die Betriebsratssitzungen sind nicht öffentlich. Sie finden grundsätzlich während der Arbeitszeit statt. Unter bestimmten Voraussetzungen können der Arbeitgeber und Vertreter der Gewerkschaften daran teilnehmen. Die Schwerbehindertenvertretung (vgl. oben C. V) und ein Vertreter der Jugend- und Auszubildendenvertretung (vgl. unten D. II. 4) haben Teilnahmerecht an allen Betriebsratssitzungen. Über jede Betriebsratssitzung ist eine Niederschrift anzufertigen.

Das Betriebsratsamt ist **unentgeltliches Ehrenamt**. Soweit die Betriebsratsmitglieder durch ihre Amtstätigkeit Arbeitszeit versäumen, dürfen sie aber keinen Einkommensverlust erleiden. Ihr Einkommen darf nicht geringer bemessen sein als das vergleichbarer Arbeitnehmer mit betriebsüblicher Entwicklung.

Die Betriebsratsmitglieder sind vom Arbeitgeber von ihrer Arbeitspflicht **freizustellen**, soweit dies für ihre Tätigkeit erforderlich ist (§ 37 Abs. 2). In Betrieben ab 300 Beschäftigten sind ein oder mehrere Mitglieder des Betriebsrats von ihrer beruflichen Tätigkeit ganz freizustellen. Die Anzahl der Freizustellenden ist im Gesetz festgelegt (§ 38). Die Freistellung erfolgt durch Beschluß des Betriebsrats nach Beratung mit dem Arbeitgeber.

Die Mitglieder des Betriebsrats sind auch für die Teilnahme an **Schulungs- und Bildungsveranstaltungen** freizustellen, soweit die dort vermittelten Kenntnisse für ihre Arbeit im Betriebsrat erforderlich sind (§ 37 Abs. 6). Darüber hinaus hat jedes Mitglied des Betriebsrats während der vierjährigen Amtszeit Anspruch auf bezahlte Freistellung von insgesamt drei Wochen zur Teilnahme an Schulungs- und Bildungsveranstaltungen, die von den Behörden als geeignet anerkannt sind (§ 37 Abs. 7). Hierher gehören z. B. die Betriebsräteseminare der Deutschen Versicherungsakademie.

Die Kosten der Betriebsratstätigkeit hat der Arbeitgeber zu tragen. Dazu gehören auch die Kosten für die Teilnahme von Betriebsratsmitgliedern an erforderlichen Schulungsveranstaltungen (§ 37 Abs. 6).

Mitglieder des Betriebsrats und der übrigen Betriebsverfassungsorgane dürfen in ihrer Tätigkeit **nicht gestört oder behindert** und wegen ihrer Tätigkeit nicht **benachteiligt oder begünstigt** werden (§ 78). Verstöße hiergegen sind unter Strafe gestellt (§ 119).

Eine besonders wirksame Sicherung erhalten die Mitglieder des Betriebsrats und sonstiger Betriebsverfassungsorgane durch den verstärkten **Kündigungsschutz**. Ihre ordentliche Kündigung ist ausgeschlossen, und zwar auch noch für ein Jahr nach Ablauf ihrer Amtszeit.

Die außerordentliche Kündigung bedarf während der Amtszeit der Betriebsratsmitglieder der Zustimmung des Betriebsrats. Wird diese zu Unrecht verweigert, so kann sie durch das Arbeitsgericht ersetzt werden.

Eine besondere Ausgestaltung des Benachteiligungsverbots sieht das Gesetz für noch in Ausbildung befindliche Mitglieder des Betriebsrats oder der Jugendvertretung vor. Sie müssen, wenn sie dies in der vorgesehenen Form und Frist verlangen, vom Arbeitgeber nach Beendigung des Ausbildungsverhältnisses in einem Arbeitsverhältnis weiterbeschäftigt werden. Der Arbeitgeber kann allerdings von dieser Verpflichtung durch das Arbeitsgericht befreit werden, wenn ihm die Weiterbeschäftigung unzumutbar ist (§ 78a).

Die Mitglieder und Ersatzmitglieder der Betriebsverfassungsorgane sind zur **Geheimhaltung** von Betriebs- und Geschäftsgeheimnissen und von vertraulichen personellen Informationen (auch nach Beendigung ihrer Amtszeit) verpflichtet, von denen sie im Rahmen ihrer Tätigkeit Kenntnis erhalten haben. Auch eine Verletzung der Geheimhaltungspflicht ist strafbar (§ 120).

4. Weitere Organe der Betriebsverfassung

Besteht ein Unternehmen aus mehreren Betrieben, so wird ein **Gesamtbetriebsrat** gebildet (§ 47 Abs. 1).

In ihn entsendet jeder Betriebsrat, wenn ihm Arbeiter und Angestellte angehören, zwei Mitglieder, sonst nur ein Mitglied. Würde der Gesamtbetriebsrat danach mehr als 40 Mitglieder haben, so muß eine Betriebsvereinbarung über die Verkleinerung des Gesamtbetriebsrats abgeschlossen werden (§ 47 Abs. 5). In der Versicherungswirtschaft gibt es bei vielen Unternehmen Gesamtbetriebsräte. Wegen der zahlreichen Geschäftsstellen mit eigenen Betriebsräten muß nicht selten von der vorgeschriebenen Reduzierung zu großer Gesamtbetriebsräte durch Betriebsvereinbarung Gebrauch gemacht werden.

Die Stimmenzahl der einzelnen Gesamtbetriebsratsmitglieder entspricht der Zahl der von ihnen vertretenen Arbeitnehmer.

Der Gesamtbetriebsrat ist für die Behandlung von Angelegenheiten zuständig, die das gesamte Unternehmen oder mehrere Betriebe betreffen und durch die einzelnen Betriebsräte nicht geregelt werden können. Außerdem kann ein Betriebsrat durch Mehrheitsbeschluß den Gesamtbetriebsrat beauftragen, eine bestimmte Angelegenheit für ihn zu behandeln.

Für Organisation und Geschäftsführung des Gesamtbetriebsrats gelten die gleichen Bestimmungen wie beim Betriebsrat.

Die **Betriebsräteversammlung**, in der Mitglieder aller Betriebsräte des Unternehmens vertreten sind, wird vom Gesamtbetriebsrat mindestens einmal jährlich einberufen. Der Gesamtbetriebsrat hat der Betriebsräteversammlung einen Tätigkeitsbericht zu erstatten, der Unternehmer einen Bericht über das Personal- und Sozialwesen und über die wirtschaftliche Lage und Entwicklung des Unternehmens abzugeben.

Entsprechend dem Gesamtbetriebsrat für Unternehmen kann für Konzerne ein **Konzernbetriebsrat** gebildet werden.

Diesem gehören Vertreter der Gesamtbetriebsräte der einzelnen Unternehmen des Konzerns an. Der Konzernbetriebsrat ist zuständig für Angelegenheiten, die den Konzern betreffen und nicht durch die Gesamtbetriebsräte innerhalb ihrer Unternehmen geregelt werden können. Obwohl es in der Versicherungswirtschaft zahlreiche Konzerne gibt, wurde bisher von der Möglichkeit, Konzernbetriebsräte zu bilden, nur vereinzelt Gebrauch gemacht.

Betriebsversammlungen sind vom Gesetz einmal im Kalendervierteljahr vorgesehen. Sie werden vom Betriebsrat einberufen und vom Betriebsratsvorsitzenden geleitet. Anstelle von Betriebsversammlungen können auch Abteilungsversammlungen durchgeführt werden.

Betriebs- und Abteilungsversammlungen sind nicht öffentlich. Ein Teilnahmerecht haben nur die Arbeitnehmer des Betriebes bzw. der Abteilung, der Arbeitgeber sowie Beauftragte der zuständigen Gewerkschaften und Arbeitgeberverbände. Der Betriebsrat kann aber auch externe Personen als Referenten einladen, ebenso wie der Arbeitgeber zu seiner Unterstützung leitende Angestellte hinzuziehen darf.

Die Betriebsversammlungen finden grundsätzlich während der Arbeitszeit statt. Das Arbeitsentgelt ist für die Zeit der Teilnahme weiterzuzahlen. Auf den Betriebs- und Abteilungsversammlungen können nur Angelegenheiten, die den Betrieb oder seine Arbeitnehmer unmittelbar betreffen, erörtert werden. Häufig gibt der Betriebsrat einen Bericht über seine Tätigkeit. Der Arbeitgeber hat mindestens einmal im Jahr in einer Betriebsversammlung über das Personal- und Sozialwesen und über die Wirtschaftslage und Entwicklung des Betriebes zu berichten.

In Betrieben, in denen regelmäßig fünf Arbeitnehmer unter 18 Jahren oder Auszubildende unter 25 Jahren beschäftigt sind, werden **Jugend- und Auszubildendenvertretungen** gewählt.

Die Wahl findet alle zwei Jahre in der Zeit vom 1. Oktober bis zum 30. November statt. Sie wird, ähnlich wie die Betriebsratswahl, von einem vom Betriebsrat eingesetzten Wahlvorstand durchgeführt. Wahlberechtigt sind alle jugendlichen Arbeitnehmer des Betriebes unter 18 Jahren und Auszubildende unter 25 Jahren. Gewählt werden können Arbeitnehmer bis zur Vollendung des 25. Lebensjahres.

Organisation und Geschäftsführung der Jugend- und Auszubildendenvertretung richten sich im wesentlichen nach den gleichen Vorschriften wie beim Betriebsrat.

Die Jugend- und Auszubildendenvertretung ist **kein selbständiges Mitbestimmungsorgan** neben dem Betriebsrat. Sie hat keine durchsetzbaren eigenen Mitbestimmungsrechte wie der Betriebsrat. Sie hat lediglich die Möglichkeit, Maßnahmen, die den Jugendlichen und Auszubildenden dienen, beim Betriebsrat zu beantragen. Dieser hat darauf hinzuwirken, daß deren berechtigte Anliegen verwirklicht werden.

Die Jugend- und Auszubildendenvertretung kann vom Betriebsrat verlangen, daß er ihr die zur Durchführung ihrer Aufgaben erforderlichen Unterlagen zur Verfügung stellt. Sie kann zu jeder Betriebsratssitzung einen Vertreter entsenden. Werden in einer Betriebsratssitzung Angelegenheiten behandelt, die besonders jugendliche Arbeitnehmer oder Auszubildende betreffen, so hat die gesamte Jugend- und Auszubildendenvertretung ein Teilnahmerecht. Die Mitglieder der Jugend- und Auszubildendenvertretung können bei Beschlüssen des Betriebsrats sogar mitstimmen, soweit diese überwiegend jugendliche Arbeitnehmer oder Auszubildende betreffen. Beschlüsse des Betriebsrats sind auf Antrag der Jugend- und Auszubildendenvertretung für eine Woche auszusetzen. Der Betriebsrat hat zu Gesprächen mit dem Arbeitgeber, die besonders jugendliche Arbeitnehmer oder Auszubildende betreffen, die Jugend- und Auszubildendenvertretung hinzuzuziehen.

Als **Aufgaben der Jugend- und Auszubildendenvertretung** sind im Gesetz besonders erwähnt die Überwachung der Durchführung zugunsten jugendlicher Arbeitnehmer und Auszubildender geltender Bestimmungen und die Entgegennahme von Anregungen jugendlicher Arbeitnehmer und Auszubildender, besonders in Fragen der Berufsbildung, und ihre Weitergabe an den Betriebsrat.

Die Jugend- und Auszubildendenvertretung kann vor oder nach jeder Betriebsversammlung im Einvernehmen mit dem Betriebsrat eine **betriebliche Jugend- und Auszubildendenversammlung** einberufen. Für sie gilt entsprechendes wie für die Betriebsversammlung.

Für Unternehmen mit mehreren Jugend- und Auszubildendenvertretungen sieht das Gesetz die Bildung einer **Gesamtjugend- und Auszubildendenvertretung** vor.

5. Allgemeine Aufgaben des Betriebsrats

Das Betriebsverfassungsgesetz formuliert in § 80 einen Katalog allgemeiner Aufgaben des Betriebsrats. An erster Stelle steht die Überwachung der Durchführung der zugunsten der Arbeitnehmer geltenden Bestimmungen über das Arbeitsverhältnis. Weiter hat der Betriebsrat Maßnahmen, die dem Betrieb und der Belegschaft dienen, beim Arbeitgeber zu beantragen und Anregungen aus der Belegschaft und von seiten der Jugendvertretung, falls sie ihm berechtigt erscheinen, an den Arbeitgeber heranzutragen.

Besonders erwähnt sind unter den allgemeinen Aufgaben des Betriebsrats die Förderung schwerbehinderter und sonst besonders schutzbedürftiger Personen, die Förderung jugendlicher Arbeitnehmer und Auszubildender in Zusammenarbeit mit der Jugend- und Auszubildendenvertretung sowie die Förderung der Beschäftigung älterer Arbeitnehmer und der Eingliederung ausländischer Arbeitnehmer im Betrieb.

Damit der Betriebsrat diese Aufgaben durchführen kann, muß er vom Arbeitgeber rechtzeitig und umfassend unterrichtet werden. Der Arbeitgeber hat ihm auf Verlangen auch die Unterlagen zur Verfügung zu stellen, die er zur Durchführung seiner Aufgaben benötigt. Besonders geregelt ist in diesem Zusammenhang das Einblicksrecht in die Bruttolohn- und Gehaltslisten, das dem Betriebsausschuß (siehe oben D. II. 3) bzw. in kleineren Betrieben dem Betriebsrat selbst zusteht. Mit dem Umfang dieses Einblicksrechts hat sich das Bundesarbeitsgericht in einer Reihe von Entscheidungen befaßt.

Soweit zur ordnungsgemäßen Erfüllung seiner Aufgaben erforderlich, kann der Betriebsrat auch Sachverständige heranziehen. Es bedarf dazu jedoch einer vorherigen Vereinbarung mit dem Arbeitgeber.

6. Zusammenarbeit zwischen Arbeitgeber und Betriebsrat

Einer der wesentlichen Grundsätze des Betriebsverfassungsgesetzes ist das **Gebot der vertrauensvollen Zusammenarbeit** zwischen Arbeitgeber und Betriebsrat zum Wohle der Arbeitnehmer und des Betriebes (§ 2 Abs. 1). Im gleichen Sinne legt das Gesetz in § 74 Abs. 1 fest, daß Arbeitgeber und Betriebsrat über strittige Fragen mit dem ernsten Willen zur Einigung zu verhandeln und Vorschläge für die Beilegung von Meinungsverschiedenheiten zu machen haben.

Der Erhaltung des Betriebsfriedens dient das **Verbot von Arbeitskämpfen zwischen Arbeitgeber und Betriebsrat** und die Verpflichtung, alles zu unterlassen, was den Arbeitsablauf oder den Frieden des Betriebes beeinträchtigt. Auch das **Verbot der parteipolitischen Betätigung** im Betrieb gehört in diesen Zusammenhang. Es soll verhindern, daß der Betrieb zum Schauplatz politischer Auseinandersetzungen wird.

Die darin liegende Einschränkung des Grundrechts der Meinungsfreiheit ist nach einem Urteil des Bundesverfassungsgerichts zulässig. Dabei ist zu berücksichtigen, daß den Beteiligten ja nicht politische Betätigung schlechthin, sondern nur im Bereich des Betriebes untersagt wird. Das Verbot der parteipolitischen Betätigung gilt ebenso wie die betriebliche Friedenspflicht nicht nur für Arbeitgeber und Betriebsrat, sondern für alle Arbeitnehmer des Betriebes. Es gilt nicht nur für Parteipolitik im engeren Sinne, sondern auch für allgemeine politische Fragen. Erlaubt ist jedoch die Behandlung sozialpolitischer, tarifpolitischer und wirtschaftlicher Fragen, die den Betrieb oder seine Arbeitnehmer unmittelbar betreffen.

Die Rechte des Betriebsrats zur Mitwirkung bei Entscheidungen des Arbeitgebers sind unterschiedlich ausgestaltet. Die mildeste Form sind **Informationsrechte**, die zum Teil auch die Vorstufe für weitergehende Mitwirkungsrechte bilden. Als Beispiel sei das Recht des Betriebsrats auf Unterrichtung über die Personalplanung (§ 92) genannt. Die nächsthöheren Stufen sind die **Anhörungspflicht**, zum Beispiel bei Kündigungen (§ 102), die den Arbeitgeber verpflichtet, sich mit Einwendungen des Betriebsrats auseinanderzusetzen, und die **Beratungspflicht**, zum Beispiel bei der Planung von Neubauten (§ 90), bei der der Arbeitgeber den Betriebsrat um seine Meinung fragen und die beiderseitigen Argumente abwägen muß.

Echte Mitbestimmungsrechte, die dem Betriebsrat das Recht zur Mitentscheidung geben, gibt es in zwei Formen. Einmal als **Zustimmungspflicht**, zum Beispiel bei personellen Einzelmaßnahmen (§ 99). Hier darf der Arbeitgeber eine bestimmte Maßnahme, zum Beispiel eine Einstellung, nur mit Zustimmung des Betriebsrats durchführen. Er kann aber umgekehrt nicht dazu gezwungen werden. Die stärkste Form der Mitbestimmung ist das sogenannte **Initiativrecht**, bei dem der Betriebsrat eine bestimmte Gestaltung unter Umständen über die betriebliche Einigungsstelle erzwingen kann, zum Beispiel bei der Aufstellung eines Sozialplans (siehe unten D. II. 9) und bei sozialen Angelegenheiten (siehe unten D. II. 7).

Das klassische Mittel der gleichberechtigten Beteiligung des Betriebsrats an der Gestaltung der betrieblichen Ordnung ist die **Betriebsvereinbarung.** Sie ist zugleich das Gestaltungsmittel für die innerbetriebliche Rechtssetzung, denn ihre Bestimmungen gelten unmittelbar und zwingend zugunsten der Arbeitsverhältnisse der Arbeitnehmer des Betriebes. Sie sind wie tarifliche Normen unabdingbar, das heißt, es darf nicht zu Ungunsten der Arbeitnehmer durch einzelvertragliche Abmachung von ihnen abgewichen werden. Auch können die Arbeitnehmer nur mit Zustimmung des Betriebsrats auf Rechte aus einer Betriebsvereinbarung wirksam verzichten.

Betriebsvereinbarungen sind vom Betriebsrat und Arbeitgeber gemeinsam zu beschließen, schriftlich niederzulegen und von beiden Seiten zu unterzeichnen. Sie können, soweit nichts anderes vereinbart ist, mit einer Frist von drei Monaten von dem Betriebsrat oder dem Arbeitgeber gekündigt werden. Ihre Bestimmungen gelten jedoch in bestimmten Fällen, ähnlich wie tarifliche Regelungen, auch nach Ablauf der Betriebsvereinbarung weiter, bis sie durch eine andere Abmachung ersetzt werden.

Um sicherzustellen, daß sich die Arbeitnehmer ungehindert mit dem Inhalt der Betriebsvereinbarung vertraut machen können, ist der Arbeitgeber verpflichtet, den Text an geeigneter Stelle im Betrieb auszulegen.

Der **Vorrang von Tarifverträgen** gegenüber Betriebsvereinbarungen wird dadurch sichergestellt, daß nach dem Gesetz Arbeitsentgelte und sonstige Arbeitsbedingungen, die durch Tarifvertrag geregelt sind oder üblicherweise geregelt werden, nicht Gegenstand einer Betriebsvereinbarung sein können, es sei denn, der Tarifvertrag läßt den Abschluß ergänzender Betriebsvereinbarungen ausdrücklich zu.

Zur Beilegung von Meinungsverschiedenheiten ist zwischen Arbeitgeber und Betriebsrat – in Ausnahmefällen auch zwischen Arbeitgeber und Gesamtbetriebsrat oder Konzernbetriebsrat – die Bildung einer **betrieblichen Einigungsstelle** vorgesehen. Es sind grundsätzlich zwei Arten des Einigungsstellenverfahrens zu unterscheiden:

Im sogenannten *freiwilligen* Einigungsstellenverfahren wird die Einigungsstelle auf Antrag beider Seiten tätig. Ihr Spruch ist nur dann verbindlich, wenn sich beide Seiten ihm im voraus unterworfen haben oder ihn nachträglich annehmen.

Die weitaus größere Bedeutung der Einigungsstelle liegt in dem Bereich, in dem ihre Anrufung gesetzlich vorgeschrieben ist (zum Beispiel in sozialen Angelegenheiten gemäß § 87, siehe unten D. II. 7). Die Einigungsstelle wird in diesen Fällen schon auf Antrag einer Seite tätig.

Die Einigungsstelle besteht aus einer gleichen Anzahl von **Beisitzern**, die vom Arbeitgeber und Betriebsrat benannt werden, und einem **unparteiischen Vorsitzenden.** Können sich Arbeitgeber und Betriebsrat über die Person des Vorsitzenden nicht einigen, so wird er durch das Arbeitsgericht bestellt. Um die Funktionsfähigkeit der Einigungsstelle zu gewährleisten, ist im Gesetz festgelegt, daß der Vorsitzende und die erschienenen Mitglieder allein entscheiden, wenn eine Seite keine Mitglieder benennt oder ihre Mitglieder trotz rechtzeitiger Einladung der Sitzung fernbleiben.

Die Einigungsstelle faßt ihre Beschlüsse nach mündlicher Beratung mit Stimmenmehrheit. Sie hat dabei sowohl die Belange des Betriebes als auch der betroffenen Arbeitnehmer nach billigem Ermessen zu berücksichtigen. Verletzt sie diese Verpflichtung, kann ihr Spruch auf Antrag einer Seite durch das Arbeitsgericht aufgehoben werden.

Die Beschlüsse der Einigungsstelle sind schriftlich niederzulegen, vom Vorsitzenden zu unterschreiben und dem Arbeitgeber und dem Betriebsrat zuzuleiten. Sie ersetzen, soweit dies im Gesetz vorgesehen ist, die Einigung zwischen Arbeitgeber und Betriebsrat. Das bedeutet, daß sie, soweit es sich um normative Bestimmungen handelt, die Rechtswirkungen einer Betriebsvereinbarung besitzen. Die so ersetzte Betriebsvereinbarung kann wie jede andere Betriebsvereinbarung durch gegenseitige Übereinkunft von Betriebsrat und Arbeitgeber, aber auch durch Kündigung aufgehoben werden.

7. Mitwirkung in sozialen Angelegenheiten

Im Rahmen der sogenannten sozialen Angelegenheiten stehen dem Betriebsrat **die stärksten Mitbestimmungsrechte** zu. In den in § 87 aufgezählten Einzelfragen hat der Betriebsrat eine echte Mitbestimmung. Das bedeutet, daß der Arbeitgeber diese Maßnahmen nur mit Zustimmung des Betriebsrats durchführen kann. Der Betriebsrat hat sogar grundsätzlich ein **Initiativrecht**, das heißt das Recht, Regelungen zu den in § 87 aufgeführten Fragenbereichen vom Arbeitgeber zu verlangen.

Für die Mitbestimmungsrechte des Betriebsrats in sozialen Angelegenheiten gilt der **Vorrang des Gesetzes oder Tarifvertrages**. Ein Mitbestimmungsrecht des Betriebsrats besteht also nur insoweit, als eine gesetzliche oder tarifvertragliche Regelung nicht vorhanden ist.

Die einzelnen sozialen „Angelegenheiten", in denen der Betriebsrat mitzubestimmen hat, betreffen in erster Linie betriebs- und personalorganisatorische Fragen wie zum Beispiel Ordnung des Betriebes, Lage der Arbeitszeit, Auszahlung des Arbeitsentgelts, Verwaltung von Sozialeinrichtungen, Aufstellung von Urlaubsgrundsätzen, Einführung und Anwendung von Kontrollgeräten.

Neben diesen sogenannten *formellen Arbeitsbedingungen* betreffen aber einige der Tatbestände des § 87 auch Fragen des Arbeitsentgelts und der Arbeitsleistung, sogenannte *materielle Arbeitsbedingungen*, zum Beispiel die vorübergehende Verkürzung oder Verlängerung der Arbeitszeit oder die Festsetzung der Akkord- und Prämiensätze.

Besondere Bedeutung kommt auch dem Mitbestimmungsrecht bei Fragen der betrieblichen Lohngestaltung zu. Das BAG hat aus dieser Bestimmung auch ein Mitbestimmungsrecht bei der Ausgestaltung betrieblicher Versorgungsregelungen und bei Richtlinien für die Vergabe von Arbeitgeberdarlehen hergeleitet.

Das Mitbestimmungsrecht in den Angelegenheiten des § 87 erstreckt sich grundsätzlich nur auf **allgemeine Maßnahmen**, die sich auf den ganzen Betrieb oder zumindest eine Gruppe von Arbeitnehmern beziehen, nicht jedoch auf Einzelmaßnahmen wie zum Beispiel die Anweisung an einen Arbeitnehmer, Mehrarbeit zu leisten.

Können Betriebsrat und Arbeitgeber sich in einer Angelegenheit des § 87 nicht einigen, so entscheidet die betriebliche Einigungsstelle. Ihr Spruch ersetzt die Einigung der Betriebspartner, ist also für beide Seiten verbindlich.

Außer den Tatbeständen des § 87 sieht das Gesetz in sozialen Angelegenheiten auch freiwillige Betriebsvereinbarungen (§ 88) und eine Mitwirkung des Betriebsrats beim Arbeitsschutz (§ 89) vor.

8. Mitbestimmung in personellen Angelegenheiten

a) Allgemeine personelle Angelegenheiten

In diesem Abschnitt sind Mitbestimmungsrechte des Betriebsrats im Rahmen der Personalplanung, bei der Ausgestaltung von Personalfragebogen und Beurteilungsgrundsätzen und bei der Einführung von Richtlinien über die personelle Auswahl bei Einstellungen, Versetzungen, Umgruppierungen und Kündigungen (Auswahlrichtlinien) geregelt. Die Mitbestimmungsrechte bei den allgemeinen personellen Angelegenheiten reichen von bloßen Beratungs- und Vorschlagsrechten (Personalplanung) über ein Zustimmungsrecht (Personalfragebogen, Beurteilungsgrundsätze) bis zu einem Initiativrecht bei Auswahlrichtlinien in größeren Betrieben. Außerdem kann der Betriebsrat verlangen, daß neu zu besetzende Arbeitsplätze im Betrieb ausgeschrieben werden.

b) Berufsbildung

Besondere Mitwirkungsrechte und -pflichten hat der Betriebsrat in Fragen der Berufsbildung. Arbeitgeber und Betriebsrat sind verpflichtet, die Berufsbildung der Arbeitnehmer zu fördern (§ 96 Abs. 1). In diesem Zusammenhang ist der Betriebsrat mit umfassenden Informations- und Beratungsrechten ausgestattet (§ 97).

Der Betriebsrat hat darüber hinaus ein Mitbestimmungsrecht bei der Durchführung von Maßnahmen der betrieblichen Berufsbildung und sonstiger Bildungsmaßnahmen im Betrieb. In diesem Rahmen kann er auch darüber mitbestimmen, welche Arbeitnehmer an betrieblichen oder auf Kosten des Betriebes an außerbetrieblichen Bildungsmaßnahmen teilnehmen. Können Arbeitgeber und Betriebsrat sich darüber nicht einigen, entscheidet die betriebliche Einigungsstelle verbindlich.

Mitzubestimmen hat der Betriebsrat auch bei der Bestellung betrieblicher Ausbilder. Besitzt ein Ausbilder nicht die erforderliche Eignung oder vernachlässigt er seine Aufgaben, so kann der Betriebsrat seiner Bestellung widersprechen bzw. seine Abberufung verlangen. Einigen sich Arbeitgeber und Betriebsrat nicht über die Bestellung oder Abberufung des Ausbilders, so kann der Betriebsrat das Arbeitsgericht anrufen.

c) Personelle Einzelmaßnahmen

Die Mitbestimmung bei personellen Einzelmaßnahmen bezieht sich auf Einstellungen, Eingruppierungen, Umgruppierungen und Versetzungen. Dabei sind auch Einstellungen von Leiharbeitnehmern, die an sich nicht als Arbeitnehmer des entleihenden Betriebs anzusehen sind, einzubeziehen. Der Begriff der Versetzung ist im Gesetz definiert mit Zuweisung eines anderen Arbeitsbereichs (§ 95 Abs. 2).

Bei den personellen Einzelmaßnahmen ist die Mitbestimmung des Betriebsrats ganz anders ausgestaltet als bei sozialen Angelegenheiten. Der Betriebsrat hat hier kein Mitbestimmungsrecht im engeren Sinne, sondern ein Widerspruchsrecht, das aber an bestimmte im Gesetz im einzelnen festgelegte Gründe gebunden ist (§ 99 Abs. 2). So kann z. B. einer Versetzung mit der Begründung widersprochen werden, daß sie den Arbeitnehmer benachteiligen würde, ohne daß dies aus betrieblichen oder persönlichen Gründen gerechtfertigt sei. Das Mitbestimmungsrecht bei personellen Einzelmaßnahmen gibt es nur in Betrieben mit mehr als 20 wahlberechtigten Arbeitnehmern.

Der Arbeitgeber hat die beabsichtigte Maßnahme dem Betriebsrat mitzuteilen, verbunden mit genauen Auskünften über die Person der Bewerber bzw. Arbeitnehmer und unter Vorlage der erforderlichen Unterlagen. Bei Einstellungen muß der Betriebsrat auch über die beabsichtigte tarifliche Eingruppierung unterrichtet werden. Der Betriebsrat kann innerhalb einer Woche widersprechen. Der Widerspruch muß schriftlich und mit Begründung erfolgen. Geschieht dies nicht, so gilt die Zustimmung des Betriebsrats als erteilt.

Verweigert der Betriebsrat seine Zustimmung, so kann der Arbeitgeber beim Arbeitsgericht beantragen, die Zustimmung zu ersetzen (§ 99 Abs. 4).

In dringenden Fällen kann die personelle Maßnahme vorläufig durchgeführt werden. Erhebt der Betriebsrat auch hiergegen Widerspruch, muß der Arbeitgeber innerhalb von drei Tagen das Arbeitsgericht anrufen.

Führt der Arbeitgeber personelle Einzelmaßnahmen unter Verletzung des Mitbestimmungsrechts des Betriebsrats durch, so kann ihm das Arbeitsgericht auf Antrag des Betriebsrats aufgeben, die betreffende Maßnahmen aufzuheben, und dies durch Zwangsgeld durchsetzen.

d) Kündigungen

Bei Kündigungen besteht das Mitbestimmungsrecht des Betriebsrats unabhängig von der Zahl der im Betrieb beschäftigten Arbeitnehmer. Der Betriebsrat ist vor jeder Kündigung anzuhören. Verletzt der Arbeitgeber die Anhörungspflicht, so ist die Kündigung **unwirksam** (§ 102 Abs. 1).

Auch bei der Kündigung hat der Betriebsrat, wie bei den personellen Einzelmaßnahmen nach § 99, ein **Widerspruchsrecht**, wenn bestimmte im Gesetz aufgeführte Gründe, z. B. die nicht genügende Berücksichtigung sozialer Gesichtspunkte bei der Auswahl des zu kündigenden Arbeitnehmers, gegen die Kündigung sprechen (§ 102 Abs. 3). Die Überlegungsfrist beträgt eine Woche. Der Widerspruch muß dem Arbeitgeber schriftlich und mit Begründung mitgeteilt werden. Bei außerordentlichen Kündigungen beträgt die Überlegungsfrist für den Betriebsrat nur drei Tage. Bei Versäumung der Fristen gilt die Zustimmung als erteilt.

Widerspricht der Betriebsrat der Kündigung, so kann der Arbeitgeber diese trotzdem aussprechen. Eine gerichtliche Nachprüfung hängt allein von der Initiative des betroffenen Arbeitnehmers ab. Erhebt dieser Kündigungsschutzklage beim Arbeitsgericht, so bewirkt der Widerspruch des Betriebsrats, daß das Arbeitsgericht zusätzliche Gründe für die eventuelle Unwirksamkeit der Kündigung prüft (§ 1 Abs. 2 Satz 2 KSchG).

Der Widerspruch des Betriebsrats gegen eine ordentliche Kündigung löst auch die Verpflichtung des Arbeitgebers aus, den betreffenden Arbeitnehmer im Falle der Erhebung der Kündigungsschutzklage auf Verlangen bis zum rechtskräftigen Abschluß des Kündigungsschutzprozesses **weiterzubeschäftigen** (§ 102 Abs. 5).

Der Arbeitgeber hat unter bestimmten Voraussetzungen die Möglichkeit, sich von dieser Weiterbeschäftigungspflicht durch einstweilige Verfügung des Arbeitsgerichts entbinden zu lassen, z. B. wenn die Kündigungsschutzklage des Arbeitnehmers keine hinreichende Erfolgsaussicht hat (§ 102 Abs. 5).

Auch ohne Widerspruch des Betriebsrats kann der Arbeitnehmer einen Anspruch auf vorläufige Weiterbeschäftigung bis zur rechtskräftigen Entscheidung über die Kündigung haben. Das BAG nimmt einen solchen allgemeinen Weiterbeschäftigungsanspruch an, wenn die Kündigung offensichtlich unbegründet ist oder ein Arbeitsgericht sie (noch nicht rechtskräftig) für unwirksam erklärt hat.

Die außerordentliche Kündigung von **Mitgliedern des Betriebsrats**, der Jugendvertretung, des Wahlvorstandes und von Wahlbewerbern (ihre ordentliche Kündigung ist ausgeschlossen) bedarf der Zustimmung des Betriebsrats. Wird diese zu Unrecht verweigert, so kann sie das Arbeitsgericht auf Antrag des Arbeitgebers ersetzen (§ 103).

9. Mitbestimmung in wirtschaftlichen Angelegenheiten

In allgemeinen wirtschaftlichen Angelegenheiten sind die Mitwirkungsrechte des Betriebsrats schwächer als in sozialen und personellen Angelegenheiten. Sie beschränken sich auf Informations- und Beratungsrechte, die vor allem durch den Wirtschaftsausschuß wahrgenommen werden. Lediglich im Sonderfall der Betriebsänderung bestehen echte Mitbestimmungsrechte.

a) Wirtschaftsausschuß

Der Wirtschaftsausschuß ist ein **Informations- und Beratungsgremium** auf der Ebene des Unternehmens (also nicht des Betriebes), das in Unternehmen mit regelmäßig mehr als 100 ständig beschäftigten Arbeitnehmern vom Betriebsrat bzw. Gesamtbetriebsrat gebildet wird. Der Ausschuß hat die Aufgabe, wirtschaftliche Angelegenheiten mit dem Arbeitgeber zu beraten und den Betriebsrat darüber zu unterrichten. Die Mitgliederzahl des Ausschusses beträgt mindestens drei und höchstens sieben.

Der Unternehmer oder sein Vertreter hat an jeder Sitzung des Wirtschaftsausschusses teilzunehmen und diesen über die wirtschaftlichen Angelegenheiten des Unternehmens unter Vorlage der erforderlichen Unterlagen rechtzeitig und umfassend zu unterrichten.

Neben der Information an den Wirtschaftsausschuß hat der Unternehmer die Belegschaft über die wirtschaftliche Lage und Entwicklung des Unternehmens zu unterrichten. Dies gilt jedoch nur für Unternehmen mit in der Regel mehr als 20 wahlberechtigten Arbeitnehmern. Ab 1000 Arbeitnehmern muß die Unterrichtung schriftlich erfolgen.

b) Betriebsänderungen

Bei Betriebsänderungen, die wesentliche Nachteile für die Belegschaft mit sich bringen können, zum Beispiel Stillegung, Verlegung oder Einschränkung des Betriebes, hat der Betriebsrat ein Mitbestimmungsrecht. Voraussetzung dafür ist, daß der Betrieb regelmäßig mehr als 20 Arbeitnehmer beschäftigt (§ 111).

Über die geplante Betriebsänderung hat der Arbeitgeber den Betriebsrat rechtzeitig und umfassend zu unterrichten. Rechtzeitig bedeutet dabei: bevor die endgültige Entscheidung über die Durchführung der Maßnahme gefallen ist.

Betriebsrat und Arbeitgeber haben dann über die Herbeiführung eines Interessenausgleichs und eines Sozialplanes zu beraten und zu verhandeln.

Der **Interessenausgleich** ist die Einigung über die Frage, ob, zu welchem Zeitpunkt und in welcher Form die Betriebsänderung durchgeführt wird. Können sich die Parteien nicht einigen, so müssen sie versuchen, mit Hilfe der betrieblichen Einigungsstelle einen Interessenausgleich zu finden. Scheitert auch dies, ist der Unternehmer frei, die beabsichtigte Betriebsänderung durchzuführen.

Der **Sozialplan** betrifft den Ausgleich oder die Milderung der wirtschaftlichen Nachteile, die sich für die Arbeitnehmer aus der geplanten Betriebsänderung ergeben. Über den Sozialplan entscheidet, falls sich Betriebsrat und Arbeitgeber nicht einig werden, die betriebliche Einigungsstelle verbindlich. Der Sozialplan hat die Wirkung einer Betriebsvereinbarung. Da für ihn der Tarifvorrang (siehe oben D. II. 7) nicht gilt, können in ihm auch materielle Arbeitsbedingungen wie Abfindungen, Fahrtkostenzuschüsse, Umzugskosten und Gehaltszuschüsse ohne Rücksicht auf dazu bestehende tarifliche Regelungen vereinbart werden.

Der Betriebsrat kann somit im Rahmen von Betriebsänderungen den Arbeitgeber zwar nicht daran hindern, seinen unternehmerischen Entschluß auszuführen. Er kann aber durchsetzen, daß damit verbundene Nachteile für die Belegschaft über den Sozialplan ausgeglichen oder abgemildert werden.

10. Rechte des einzelnen Arbeitnehmers

Neben der Mitbestimmung durch den Betriebsrat regelt das Betriebsverfassungsgesetz auch die individuelle Mitwirkung des einzelnen Arbeitnehmers (§§ 81–86). Jeder Arbeitnehmer besitzt unabhängig vom Bestehen eines Betriebsrats einen umfassenden Unterrichtungsanspruch über seine Tätigkeit und deren Einordnung in den Betrieb. Auch hat der Arbeitnehmer Anspruch darauf, in betrieblichen Angelegenheiten angehört zu werden und dazu Stellung zu nehmen sowie Vorschläge für die Gestaltung seines Arbeitsplatzes und des Arbeitsablaufs zu machen. Er kann auch verlangen, daß die Beurteilung seiner Leistungen und die Möglichkeiten seiner beruflichen Entwicklung im Betrieb mit ihm erörtert werden. Dazu kann auf seinen Wunsch auch ein Mitglied des Betriebsrats hinzugezogen werden. Besonders erwähnt ist im Gesetz auch das eigentlich selbstverständliche Recht des Arbeitnehmers, nähere Auskunft über Berechnung und Zusammensetzung seines Arbeitsentgelts zu erhalten.

Um sich zu vergewissern, daß in seiner Personalakte keine für ihn nachteiligen Schriftstücke oder Vermerke ohne sein Wissen aufbewahrt werden, kann der Arbeitnehmer in seine Personalakte Einsicht nehmen. Damit soll er insbesondere auch die Möglichkeit erhalten, sich über die schriftlichen Beurteilungen durch Vorgesetzte zu informieren, soweit ihm diese nicht ohnehin vorgelegt werden.

Besonders geregelt ist das **Beschwerderecht** des Arbeitnehmers, wenn er sich vom Arbeitgeber oder von Arbeitnehmern des Betriebs benachteiligt oder ungerecht behandelt oder in sonstiger Weise beeinträchtigt fühlt. Der Arbeitnehmer kann sich sowohl bei der zuständigen Stelle des Betriebs als auch beim Betriebsrat beschweren. Im letzteren Fall kann, wenn eine Einigung zwischen Betriebsrat und Arbeitgeber über die Beschwerde nicht erzielt wird, die betriebliche Einigungsstelle angerufen werden, die verbindlich über die Beschwerde entscheidet.

11. Mitbestimmung bei der Gestaltung von Arbeitsplatz, Arbeitsablauf und Arbeitsumgebung

Der Betriebsrat kann auch bei der Planung von Neu- und Umbauten von Betriebsgebäuden, von technischen Anlagen, von Arbeitsverfahren und Arbeitsabläufen und von Arbeitsplätzen mitbestimmen. Sein Mitwirkungsrecht beschränkt sich insoweit im wesentlichen auf Information und Beratung. Nur in Sonderfällen, wenn Maßnahmen des Arbeitgebers der menschengerechten Gestaltung der Arbeit widersprechen und die Arbeitnehmer dadurch besonders belastet werden, hat der Betriebsrat ein echtes Mitbestimmungsrecht. In diesem Fall entscheidet, wenn sich Arbeitgeber und Betriebsrat nicht einigen können, die betriebliche Einigungsstelle verbindlich.

12. Besondere Vorschriften für einzelne Betriebsarten

Das Betriebsverfassungsrecht enthält Sonderregelungen für Betriebe der Seeschiffahrt und der Luftfahrt. Von allgemeinem Interesse ist die Bestimmung über **Tendenzbetriebe** (zum Beispiel politische Parteien, Gewerkschaften, Zeitungsverlage, Wirtschaftsverbände). Für sie gilt das Betriebsverfassungsgesetz nur insoweit, als die Eigenart des Unternehmens oder des Betriebs dem nicht entgegensteht. Dadurch soll verhindert werden, daß die besondere Aufgabe dieser Betriebe, die politische Tätigkeit, die Berichterstattung etc. durch die Mitbestimmungsrechte des Betriebsrats beeinträchtigt wird.

13. Sprecherausschüsse der leitenden Angestellen

Für leitende Angestellte, die vom Geltungsbereich des Betriebsverfassungsgesetzes ausgenommen sind (vgl. oben D. II.1), sieht das Sprecherausschußgesetz vom 20.12.1988 eine eigene Interessenvertretung vor. In Betrieben mit mindestens 10 leitenden Angestellten kann ein Sprecherausschuß der leitenden Angestellten gewählt werden. Gibt es in mehreren Betrieben eines Unternehmens Sprecherausschüsse, können diese einen Gesamtsprecherausschuß bilden. Es kann aber auch von vornherein nur ein einheitlicher Sprecherausschuß für alle Betriebe des Unternehmens (Unternehmenssprecherausschuß) gewählt werden. Die Sprecherausschußwahl erfolgt nach ähnlichen Grundsätzen und Regeln wie die Betriebsratswahl. Der Sprecherausschuß vertritt die Belange der leitenden Angestellten. Er hat nicht so weitgehende Rechte wie der Betriebsrat. Es handelt sich im wesentlichen um Informations- und Beratungsrechte. Am wichtigsten dürften das Anhörungsrecht vor jeder Kündigung eines leitenden Angestellten und die Befugnis zum Abschluß von Gesamtvereinbarungen mit dem Arbeitgeber sein: Wird einem leitenden Angestellten durch das Unternehmen ohne vorherige Anhörung des Sprecherausschusses gekündigt, so ist die Kündigung rechtsunwirksam. Durch Vereinbarung zwischen Sprecherausschuß und Arbeitgeber können Arbeitsbedingungen der leitenden Angestellten, wie z. B. eine betriebliche Versorgungsregelung, einheitlich für das ganze Unternehmen und mit bindender Wirkung für alle leitenden Angestellten geregelt werden.

Die Amtszeit des Sprecherausschusses beträgt wie die des Betriebsrats 4 Jahre. Die erste Wahl nach dem Sprecherausschußgesetz erfolgt in der Zeit vom 1.3. – 31.5.1990. Bis dahin gab es lediglich Sprecherausschüsse der leitenden Angestellten auf freiwilliger Basis.

14. Personalvertretungsrecht

Auf öffentliche Verwaltungen und Betriebe sowie auf Anstalten und Stiftungen des öffentlichen Rechts findet das Betriebsverfassungsgesetz keine Anwendung. Für diesen Bereich besteht eine Sonderregelung durch die Personalvertretungsgesetze der Länder und des Bundes. Auch die **öffentlich-rechtlichen Versicherungsunternehmen** unterliegen, soweit sie Anstalten des öffentlichen Rechts sind, dem jeweiligen Landespersonalvertretungsgesetz. Die Personalvertretungsgesetze der Länder, deren Grundzüge durch Rahmenvorschriften des Bundespersonalvertretungsgesetzes festgelegt sind, sind in weiten Teilen an das Betriebsverfassungsgesetz angenähert. Sie gewähren den Personalräten, die von der Belegschaft gewählt werden, ähnliche Mitbestimmungsrechte, wie sie das Betriebsverfassungsgesetz den Betriebsräten zugesteht. Es bestehen jedoch eine Reihe von Abweichungen, die den besonderen Verhältnissen des öffentlichen Dienstes Rechnung tragen sollen. Sprecherausschüsse der leitenden Angestellten sind im Geltungsbereich der Personalvertretungsgesetze nicht vorgesehen.

III. Unternehmensverfassung

Neben der Mitbestimmung der Arbeitnehmer in den Betrieben durch gewählte Betriebsräte kommt der Mitbestimmung durch **Arbeitnehmervertreter in den Aufsichtsräten** große Bedeutung zu. Diese ist am weitestgehenden in der **Montan-Industrie** (Bergbau sowie Eisen- und Stahlerzeugung) geregelt.

Für diese Unternehmen bestimmt das Montan-Mitbestimmungsgesetz von 1951, daß der Aufsichtsrat zu gleichen Teilen aus Vertretern der Eigentümer (Anteilseigner) und der Arbeitnehmer zuzüglich eines weiteren neutralen Mitglieds, das von den übrigen Aufsichtsratsmitgliedern vorgeschlagen wird, besteht. Außerdem bedarf in diesen Unternehmen die Bestellung des Arbeitsdirektors (für Personal- und Sozialwesen zuständiges Vorstandsmitglied) der Zustimmung der Arbeitnehmervertreter im Aufsichtsrat.

Für die Versicherungswirtschaft bestimmt sich die Beteiligung der Arbeitnehmer im Aufsichtsrat je nach Größe und Rechtsform des Unternehmens entweder nach dem Mitbestimmungsgesetz vom 4.5.1976 (Aktiengesellschaften mit mehr als 2000 Arbeitnehmern) oder nach den §§ 76 ff. des insoweit weitergeltenden früheren Betriebsverfassungsgesetzes von 1952 (Aktiengesellschaften mit 2000 und weniger Beschäftigten, Versicherungsvereine auf Gegenseitigkeit ab 500 Beschäftigten).

Das **Mitbestimmungsgesetz** war Gegenstand heftiger politischer Auseinandersetzungen während seiner Entstehung und einer Verfassungsklage nach seinem Inkrafttreten. Das Bundesverfassungsgericht hat mit seinem Urteil vom 1.3.1979 entschieden, daß das Gesetz noch verfassungsmäßig ist, weil es der Eigentümerseite das Letztentscheidungsrecht im Aufsichtsrat gewährleistet.

Das Gesetz sieht vor, daß sich die Aufsichtsräte der von ihm erfaßten Unternehmen je zur Hälfte aus Vertretern der Aktionäre und der Arbeitnehmer zusammensetzen, wobei unter den letzteren die Arbeiter, Angestellten und leitenden Angestellten entsprechend ihrem Anteil an der Gesamtbelegschaft, jede Gruppe jedoch mindestens mit einem Sitz, und die Gewerkschaften je nach Größe des Aufsichtsrats mit zwei oder drei Sitzen vertreten sind. Die Arbeitnehmervertreter werden von den Arbeitnehmern des Unternehmens entweder durch direkte Wahl oder mittelbar durch Wahlmänner gewählt.

Nach §§ 76 ff. des **BetrVG 1952** besteht der Aufsichtsrat zu 1/3 aus Vertretern der Arbeitnehmer. Diese werden von allen wahlberechtigten Arbeitnehmern in den Betrieben des Unternehmens gewählt; mindestens zwei von ihnen müssen Arbeitnehmer des Unternehmens sein. An der Wahl für die Vertreter im herrschenden Unternehmen eines Konzerns nehmen, ebenso wie nach dem Mitbestimmungsgesetz, auch die Arbeitnehmer der übrigen Konzernunternehmen teil.

E. Verfahrensrecht

Der Durchsetzung des Arbeitsrechts dienen die Gerichte der **Arbeitsgerichtsbarkeit.** Diese besondere Gerichtsbarkeit ist gerechtfertigt, weil das Arbeitsrecht infolge der wirtschaftlichen Entwicklung zu einem eigenständigen Rechtsgebiet geworden ist. Hinzu kommt, daß das Verfahren besonderer Einfachheit und Schnelligkeit bedarf und daß das kollektive Arbeitsrecht den Rahmen des Zivilrechts weit überschreitet.

Die Gerichte für Arbeitssachen sind dreistufig aufgebaut: in erster Instanz die Arbeitsgerichte, in zweiter Instanz die Landesarbeitsgerichte, von denen es in Nordrhein-Westfalen drei (Düsseldorf, Hamm und Köln), in Bayern zwei (München und Nürnberg), in den übrigen Bundesländern je eines gibt, und in dritter und letzter Instanz das Bundesarbeitsgericht in Kassel. In allen drei Instanzen ist die Beteiligung ehrenamtlicher Richter aus Kreisen der Arbeitnehmer und der Arbeitgeber vorgesehen. Dadurch sollen die Erfahrungen des Arbeitslebens in die arbeitsrechtliche Rechtsprechung einbezogen werden.

Die Zuständigkeit der Arbeitsgerichte ist in §§ 2 bis 4 Arbeitsgerichtsgesetz (ArbGG) geregelt. Sie beschränkt sich im wesentlichen auf Rechtsstreitigkeiten – in erster Linie zwischen Arbeitnehmern und Arbeitgebern –, die mit dem Arbeitsverhältnis zusammenhängen, auf das Arbeitskampfrecht und das Betriebsverfassungsrecht. Die Zuständigkeit der Arbeitsgerichte ist eine ausschließliche, das heißt Rechtsstreitigkeiten, die vor das Arbeitsgericht gehören, können nicht durch Vereinbarung vor andere Gerichte gebracht werden, und umgekehrt.

In erster Instanz können die Parteien den Rechtsstreit selbst führen. Von den Landesarbeitsgerichten ist Prozeßvertretung durch Rechtsanwälte oder Vertreter der Gewerkschaften bzw. Arbeitgeberverbände vorgeschrieben, vor dem Bundesarbeitsgericht müssen sich die Parteien durch Rechtsanwälte vertreten lassen.

Vor den Arbeitsgerichten gibt es zwei verschiedene Verfahren: über bürgerliche Rechtsstreitigkeiten aus oder im Zusammenhang mit dem Arbeitsverhältnis, über Arbeitskampffragen und über tarifvertragliche Streitigkeiten wird im **Urteilsverfahren** entschieden. Für Angelegenheiten des Betriebsverfassungsgesetzes, der Mitbestimmung im Aufsichtsrat und der Tariffähigkeit und -zuständigkeit von Vereinigungen gibt es das **Beschlußverfahren.**

Das Urteilsverfahren ähnelt sehr stark dem zivilrechtlichen Verfahren vor den ordentlichen Gerichten, weist jedoch einige Besonderheiten auf. So findet zu Beginn des Verfahrens jeweils eine Güteverhandlung statt, in der versucht werden soll, den Rechtsstreit gütlich zu bereinigen. Auch im weiteren Verlauf des Verfahrens kommt dem Versuch einer gütlichen Beilegung besondere Bedeutung zu. Deshalb werden auch in der Arbeitsgerichtsbarkeit verhältnismäßig viele Rechtsstreite durch gerichtlichen Vergleich beendet. Dies gilt besonders für Kündigungsschutzprozesse.

Weitere Sondervorschriften des arbeitsgerichtlichen Verfahrens zielen auf eine Straffung und Beschleunigung des Prozesses ab. Hier ist besonders § 61a ArbGG zu nennen, der die besondere Prozeßförderung im Kündigungsverfahren regelt.

Hinsichtlich der Kostentragung gilt im arbeitsrechtlichen Urteilsverfahren die Besonderheit, daß in der 1. Instanz jede Seite die Kosten ihres Prozeßvertreters selbst bezahlen muß, ohne Rücksicht darauf, wer den Prozeß gewinnt. Vor diesem Kostenrisiko schützen sich die Parteien häufig durch Abschluß einer Rechtsschutzversicherung.

Im **Beschlußverfahren** gilt nicht wie im Urteilsverfahren der Verhandlungsgrundsatz, wonach das Gericht an die Anträge und das Vorbringen der Parteien gebunden ist, sondern der Untersuchungsgrundsatz. Das Gericht kann also im Beschlußverfahren selbst Untersuchungen anordnen, um den Sachverhalt weiter aufzuklären. Allerdings kann ein Beschlußverfahren nicht von Amts wegen eingeleitet werden, sondern ist vom Antrag eines Beteiligten (Antragsteller) abhängig. Es gibt im Beschlußverfahren keinen Kläger und Beklagten, sondern nur Beteiligte.

Gegen die Entscheidungen des Arbeitsgerichts kann Berufung (im Urteilsverfahren) bzw. Beschwerde (im Beschlußverfahren) zum Landesarbeitsgericht eingelegt werden, Berufung jedoch nur, wenn sie vom Arbeitsgericht zugelassen wird oder der Beschwerdewert 800 DM übersteigt. Die Anrufung des Bundesarbeitsgerichts gegen Entscheidungen der Landesarbeitsgerichte ist nur möglich, wenn dies in der anzufechtenden Entscheidung ausdrücklich zugelassen ist. Die Nichtzulassung kann in besonderen Fällen durch die sogenannte Nichtzulassungsbeschwerde beim Bundesarbeitsgericht angegriffen werden.

Literaturhinweise

1. Allgemeines Arbeitsrecht

Bobrowski/Gaul, Das Arbeitsrecht im Betrieb, 2 Bände, 8. Auflage 1986

Hanau/Adomeit, Arbeitsrecht, Lehrbuch, 8. Auflage 1986

Schaub, Arbeitsrechtshandbuch, 6. Auflage 1987

Zöllner, Arbeitsrecht, Kurzlehrbuch, 3. Auflage 1983

2. Arbeitsschutz/Sonstige Bereiche

Bulla/Buchner, Mutterschutzgesetz, 5. Auflage 1981

Denecke/Neumann, Arbeitszeitordnung, 10. Auflage 1987

Meisel/Hiersemann, Arbeitszeitordnung, 2. Auflage 1978

Dersch/Neumann, Bundesurlaubsgesetz, 6. Auflage 1981

Hueck, Kündigungsschutzgesetz, 10. Auflage 1981

Willrodt/Neumann, Schwerbehindertengesetz, 7. Auflage 1988

Mussil/Seifert, Kommentar zum Tarifvertrag für das private Versicherungsgewerbe, 5. Auflage 1986

3. Betriebsverfassung

Etzel, Betriebsverfassungsgesetz, 2. Auflage 1982

Fitting/Auffarth/Kaiser, Betriebsverfassungsgesetz, 16. Auflage 1989

Stege/Weinspach, Betriebsverfassungsgesetz, 6. Auflage 1990

4. Prozeßrecht

Grunsky, Arbeitsgerichtsgesetz, 5. Auflage 1987

5. Textsammlung

Arbeitsgesetze mit Nebengesetzen, Textsammlung, Beck-Texte im dtv, 38. Auflage 1989

www.ingramcontent.com/pod-product-compliance
Lightning Source LLC
LaVergne TN
LVHW010059061026
849532LV00005BA/1779
* 9 7 8 3 4 0 9 0 0 7 9 0 0 *